J LEMAIRE 196V

ÉLISA DE RIALTO,

PAR

J. G. CHAUDESAIGUES.

PARIS

URBAIN CANEL, LIBRAIRE,

105, RUE DU BAC.

1834.

IMPRIMÉ CHEZ FÉLIX LOCQUIN.

avons la conviction profonde, se montrera toujours généreux et sublime après la victoire autant qu'héroïque au milieu du combat.

Qu'on ne le dise donc plus ; la république n'est pas 93, pas plus et moins peut-être que les trahisons, les parjures, la Saint-Barthélemy, les dragonnades et les mitraillades ne sont la monarchie.

S'il en était autrement, verrait-on tant de peuples anciens et modernes partisans de la république ? Entendrait-on les Lafayette, les Dupont de l'Eure, les d'Argenson et Louis-Philippe lui-même dire et répéter : *Je suis républicain ?*

Quant à nous, voici notre *république :*

NOTRE RÉPUBLIQUE.

Nous voulons une *république* (1) ou un *gouvernement républicain* qui, comme l'indique son nom, ait réellement pour but la *chose publique* ou l'intérêt général.

Nous voulons une *république* basée sur le principe de la souveraineté du peuple ; une république dans laquelle ce principe ne soit pas un vain mot, mais le fondement sacré de tout l'édifice social. Nous voulons que la constitution soit faite par le peuple entier ou par des mandataires élus par lui ; que le premier de tous les pouvoirs soit le *pouvoir populaire* ou national, ou constituant, ou délégant, ou *électoral ;* que ce dogme politique soit inscrit, proclamé, rappelé sans cesse et partout, dans nos lois, dans nos fêtes, sur nos théâtres, dans nos monumens publics, dans les produits des arts et des lettres ; que tout s'incline devant la *majesté de la nation* ou *du peuple,* et devant l'expression de sa volonté, c'est-à-dire la *constitution* et la *loi,* que le premier des titres soit celui de *citoyen,* et que le fonctionnaire public, traité avec égards, traite lui-même le plus obscur citoyen avec le respect qu'on doit à l'un des membres du pouvoir souverain.

Nous voulons que la constitution garantisse les *droits naturels de l'homme,* la liberté, l'égalité, la sûreté personnelle, la résistance à l'oppression et la propriété.

Nous voulons que le citoyen soit *libre* de faire tout ce qui ne blesse pas les droits d'autrui ; *libre* d'exercer son culte religieux ; *libre* de publier ses opinions sur les affaires publiques, sans être entravé ni par une censure quelconque, ni par un timbre, ni par un cautionnement, en répondant seulement de ses calomnies ; *libre* de s'associer, de s'assembler et de pétitionner ; *libre* d'aller et venir ; *libre* d'enseigner ou d'exercer l'industrie qui lui convient, sans être enchaîné par des priviléges et des monopoles, ni par des patentes et des douanes.

(1) Ce nom vient de deux mots latins, *res publica* CHOSE PUBLIQUE.

Eliza de Rialto.

PARIS. — IMP. DE FÉLIX LOCQUIN,
16, rue N.-D.-des-Victoires.

ÉLISA DE RIALTO,

PAR

J. G. CHAUDESAIGUES.

PARIS

URBAIN CANEL, LIBRAIRE,

104, RUE DU BAC.

1834

Deux heures du matin sonnaient au moment où il frappait à la porte de son hôtel.

Aussitôt qu'il fut rentré chez lui, il s'enferma, contre son habitude, à double tour. Puis, comme accablé, il se laissa tomber dans un fauteuil.

La tête enfoncée dans sa poitrine, les deux bras pendans, les yeux fixes, il demeura long-temps semblable à un mort. Tout à coup il se leva brusquement, ouvrit sa croisée, attacha ses regards au ciel, demeura long-temps encore dans cette position, et revint s'asseoir avec un profond soupir en cette seule parole :
— C'est bien !...

Il y avait une agitation profonde dans sa démarche, dans son air, dans ses moindres gestes. Il était aisé de voir que quelque chose d'étrange se passait en lui. Sa physionomie blafarde, ses yeux ternes, décelaient un abattement sans bornes, que démentaient cependant, par intervalles, la violence de ses mouvemens et ses agitations convulsives.

Il y a de ces signes extérieurs auxquels on ne se trompe pas.

Quand vous voyez un jeune homme devenu subitement et à la fois aussi taciturne, aussi sombre qu'un vieillard dont la dernière heure approche, et aussi agité qu'un enfant, vous pouvez dire hardiment : — Sous cette enveloppe, couve une grande passion qu'une grande douleur a traversée.

Eh bien ! voilà justement les signes qui étaient imprimés sur toute la personne de notre inconnu.

Il croisait ses bras, puis les laissait retomber; il marchait vivement, puis s'arrêtait; il se taisait au milieu d'une phrase commencée; il se levait après s'être assis; il riait et pleurait à la fois: on eût dit un homme complétement fou. — Au milieu de tout cela, ses lèvres ne quittaient pas une certaine expression de dédain qui leur était habituelle; seulement elles étaient plus dédaigneuses encore. Sa voix était sourde; ses paroles semblaient mal mâchées. Sa respiration, gênée par une émotion trop forte, l'eût fait croire atteint d'une suffocation subite.

A la fin, fatigué, il s'étendit sur son lit. Il mit ses deux mains sur ses yeux et parut rêver....

Il y avait sur sa cheminée une paire de pistolets qu'il regardait depuis un instant; il alla les prendre, les examina soigneusement, les chargea sans trembler, les posa sur une table devant lui, et dit : Il faut en finir !

Il prit une feuille de papier, un crayon, et esquissa une tête de jeune femme. Quand elle fut achevée, il la regarda avec des pleurs.

— C'est bien elle! dit-il, oh ! c'est bien elle ! Voilà bien ses lèvres, ses yeux, son front ! Seulement, ses lèvres sont pâles à cette heure; ses yeux sont éteints ; — son front est froid...
— Oh ! malheureuse femme ! malheureuse femme ! que t'avais-je donc fait, moi, pour me pousser là ?...

Il déchira le portrait.

Alors il saisit ses deux pistolets, les porta à ses deux oreilles, et demeura un instant ainsi. — Il les baissa, les replaça de nouveau, les baissa encore.

— Voyons ! voyons ! Est-ce que je serais un lâche ? Est-ce que j'aurais peur de mourir, par hasard ? — Un meurtrier, craindre la mort ! — Ah !

Une violente détonation se fit entendre. Le malheureux tomba en avant, le visage contre terre.

Il était mort.

. . . .

Pardon, mon cher lecteur, si j'ai commencé mon histoire par la fin ; c'est une légère erreur à laquelle vous pourrez facilement remédier, en relisant ce chapitre quand vous aurez fini le volume.

[illegible]

[illegible]
[illegible]
[illegible]
[illegible]
[illegible]

[illegible]
[illegible]
[illegible]
[illegible]
[illegible]

Un soir du mois de février 1830 , un jeune homme mis avec une extrême élégance prenait tranquillement sa tasse de thé au café de Foy , au Palais-Royal.

Il avait devant lui quelques gazettes sur lesquelles il jetait de temps à autre un coup d'œil, et qu'il repoussait presque aussitôt, comme lassé de politique.

En faisant le tour de la salle, ses yeux s'arrêtèrent sur un tout jeune homme qui, dans un coin, dévorait avidement le *Cabinet de Lecture*, et avait l'air d'oublier une demi-tasse de café à la crême qu'on venait de lui servir.

Le fashionable se leva aussitôt, croyant reconnaître notre lecteur, et se dirigea vers lui, la main tendue...

— Marcel !

— St-Sévrin !

Les deux jeunes gens s'embrassèrent.

— Et depuis quand à Paris ? dit St-Sévrin.

—Depuis deux ou trois mois, répondit Marcel.

— Depuis deux ou trois mois, et je ne t'ai pas vu encore ! et tu ne m'as rien fait dire ! et c'est le hasard qui me fait te rencontrer !

— Je ne savais pas ton adresse.

— Il fallait la demander à ma mère avant

de partir. — Laisse-là ton café., nous allons prendre du punch.

Pendant que le punch se préparait, les deux amis s'accablèrent mutuellement de questions.

— Et l'amour, comment va-t-il, depuis que tu es à Paris? dit enfin St-Sévrin.

— Assez mal.

— Quoi ! pas encore une passion dans le cœur ?

— Mon dieu , non !

— Comment! tu n'as pas encore trouvé quelque joli minois pour t'inspirer? mais que fais-tu donc dans ce monde?

— Je m'y ennuie.

— Je le crois bien. Le moyen de ne pas s'ennuyer sans passion !

— Ah ! bah ! j'ai bien le temps. Je ne suis pas du tout pressé, je t'assure. Je n'ai aimé qu'une fois en ma vie, et j'ai trop souffert, pour être désireux d'aimer encore.

— Tu es délicieux , le diable m'emporte ! Comment ! tu souffres quand tu aimes ! allons donc , mon cher ; c'est passé de mode. C'est fort mauvais ton. — Garde-toi bien de dire cela dans un salon , on se moquerait de toi et toutes les femmes te tourneraient le dos. Aujourd'hui on ne veut aimer que pour rire...

— Drôle d'amour !

— C'est le plus agréable. Ici-bas, on doit jouir le plus possible ; on n'y est que pour cela. Et si l'on s'amuse à perdre son temps en longues passions et en larmes , on risque fort de devenir vieux sans avoir été heureux un seul jour. Allons ! allons ! Il faudra que je te convertisse et que je t'enseigne. Je vois que tu es provincial jusqu'aux ongles. Encore quelques mois à Paris, cela te passera , je m'en charge.

— Je ne crois pas, car mes idées là-dessus , sont trop invariablement arrêtées. Je n'ai jamais su , comme toi, ce que c'était qu'aimer pour rire , et l'amour, pour moi, est une affaire de vie ou de mort.

— Ah! ah! ah! ah! c'est délicieux! c'est délicieux ! une affaire de vie ou de mort, c'est très-drôle. Il me semble te voir, disant cela à une jolie femme. — Tu es à ses côtés ; tu lui débites tes grands sentimens, elle t'écoute comme si tu lui parlais russe... Elle ouvre de grands yeux pour te regarder, comme elle regarderait une giraffe ; tu crois faire de l'effet sur elle, tu redoubles.... et la jeune femme se met à bâiller. — Voilà les succès que je te prédis en amour avec de pareils principes.

— Tu es fou.

— Tu verras si j'ai menti. Ah ! mon cher, tu crois trouver de la passion dans les femmes de Paris ! tu te trompes passablement. De la coquetterie, à la bonne heure ! — mais de l'amour ! c'est comme si tu creusais la terre pour y trouver l'occiput du roi Pharamond.... Mais voici qui vaut mieux que toutes les plus belles, les plus séduisantes femmes ensemble, tiens.

Le garçon de café apportait le punch.

— Au moins, poursuivit St-Sévrin en remuant le rhum pour le faire brûler ; au moins cela plaît toujours, — et non pas les femmes.

— Tu as de drôles d'idées, dit Marcel. Je te plains bien sincèrement de penser ainsi.

— Et moi aussi, je te plains ; je te plains du plus profond de mes entrailles. Je me désole sur toi ; je pleure sur toi, je prierai Dieu pour toi. — Là-dessus, un verre de punch. — Parbleu ! dit St-Sévrin, quand il eut vidé son verre, tu m'as avoué tout-à-l'heure que tu avais aimé une fois. Voyons, conte-moi cela.

— Avec plaisir.

— Attends que je tire mon mouchoir pour être prêt au moment critique.

— Vilain moqueur !

— Je t'écoute.

— J'avais seize ans ; je venais de sortir du collége.

— Au fait, au fait !

— Ma mère me conduisit un soir avec elle chez une dame de sa connaissance.

— Tu deviens amoureux de la dame ?

— Laisse-moi donc conter.

— Va toujours.

— Cette dame avait une jeune fille charmante, un ange de seize ans, belle, douce,
toute grâce, toute suave, toute parfum en
poésie ; une de ces vierges qu'on rêve quand
on est poète, mais qu'on ne trouve jamais.

— Oui, c'est comme la pierre philoso-
phale...

— St-Sévrin, je t'en prie...

— Je ne dis plus rien.

— Cette jeune fille jeta par hasard un regard sur moi... dès-lors je fus perdu. Un sentiment que je ne connaissais pas encore m'illu-
mina tout à coup ; je vis clair dans mon âme et
dans l'avenir... Je frissonnai.

— Bravo ! *bis* !

— Tu ne veux pas que j'achève ?

— Au contraire...

— Je souffris long-temps seul. Je gardai au
fond de mon cœur une passion qui me dévorait comme un charbon ardent. A la fin, éper-

du, devenu presque insensé, je hasardai quelques paroles... O mon Dieu!

— Eh bien!

— Elle en aimait un autre!...

— Que le diable l'emporte!... Et que fis-tu?

— Je pleurai, je me jetai à ses pieds, je me roulai à terre, je frappai le pavé avec mon front, assez fort pour en faire jaillir du sang; puis je blasphémai... Elle eut pitié de moi, elle me tendit une main que je rongeai de baisers. — Je suis sûr que l'empreinte y est encore. — Alors je me précipitai sur elle... Je la voulais... Elle poussa un cri.

— Délicieux!... Ensuite?

— Ensuite, — deux domestiques me jetèrent à la porte, qui me fut fermée depuis.

— ... Elle se maria un an après.

Ici Marcel devint sombre. St-Sévrin eut beau redoubler de plaisanteries et de saillies, rien ne put dérider le front de Marcel, ni lui arracher un seul mot. St-Sévrin s'aperçut enfin que ses railleries devenaient dé-placées, et se tut. Quelques instans après, il adressa de nouveau la parole à son ami, en s'efforçant autant que possible de prendre une physionomie sérieuse, et insensiblement la conversation se ranima.

— Et les muses! comment les mènes-tu?

— Les muses, dit Marcel; mon Dieu! il y a bien long-temps que je les laisse dormir. Aujourd'hui le poète n'est pas assez encouragé pour marcher.

— Ah! cela est très-vrai. Dans ce moment-ci on ne veut plus de vers. Libraires et lecteurs semblent s'être donné la main pour ensevelir la poésie.

— Et cependant, répondit gravement Marcel, cependant, nous touchons à une époque où de puissans génies vont se lever... On a beau dire, on a beau faire, la poésie ne mourra pas. — C'est une femme que des serpens enveloppent pour l'étouffer, et qui étouffera elle-

même les serpens!... qui, plus elle aura été
comprimée, plus elle se redressera haute et
belle. Mon ami, la génération nouvelle doit
voir et faire de bien grandes choses.

— Que Dieu t'entende! — A propos, fais-
tu bientôt imprimer tes vers?

— Non.

— Et pourquoi?

— Pour une raison bien simple : parce que
personne n'en veut. — J'ai vu divers libraires,
aucun n'a voulu même lire mon manuscrit.
Monsieur, m'ont-ils dit, vous pouvez être un
grand poète; — mais le public ne veut que
des romans. Faites-nous des romans.

— Que cela est absurde!

— De sorte qu'aujourd'hui un jeune
homme pourrait venir avec un génie démesuré,
avec une œuvre plus belle que *Child-Harold*,
ou *Faust* à la main, — disant à un libraire :
— Je suis sans fortune, n'importe, ceci est à
vous; je vous le donne, — qu'il se verrait encore repousser avec dédain, et s'entendrait

dire pour toute réponse : Le public n'a que faire de vos chefs-d'œuvre : il lui faut des romans.

— Que veux-tu? puisque cela est; il ne faut pas se roidir. A quoi bon?

— ... C'est ainsi qu'on étouffe tout. — Mœurs, génie, vertu, tout s'en va, — parce qu'on s'est lassé de ce qui est beau et grand, et qu'on lui a préféré ce qui est ignoble. Aussi, comme le siècle s'est abâtardi! comme le talent s'est prostitué! comme l'art est tombé bas! comme les théâtres sont devenus scandaleux, obscènes!... ce n'est plus le talent qui règne aujourd'hui, c'est l'impudeur...

— Allons! Encore un verre de punch pour noyer ta bile; — et tâche de faire bientôt une maîtresse pour te distraire.

— Je te le répète, St-Sévrin, que je n'ai jamais compris ce que c'était qu'aimer pour se distraire. — Je te répète que pour moi l'amour est une affaire de vie ou de mort.

— Et moi je te répète, Marcel, que je veux te convertir.

— C'est bien. — En attendant, au revoir.

— Déjà?

— Il est près de minuit.

— Ma foi, si tu te couches comme les poules, j'en suis fâché. Pour moi, jusqu'à trois ou quatre heures du matin je suis sur mes jambes.

— En ce cas, adieu.

— Bonsoir. — Nous déjeunerons demain ensemble, hein? Je t'attends chez moi à midi.

— N'oublie pas.

— Où demeures-tu?

— Rue de la Paix, n. 4.

— C'est bien. A demain.

— A demain.

Pauvre garçon! dit St-Sévrin; j'ai bien peur qu'avec cette tête ardente, il ne lui arrive quelque malheur.

III

Donc le lendemain les deux amis déjeunèrent ensemble.

Après le déjeuner, d'excellens cigares de Porto-Rico furent mis en réquisition, et deux douzaines en ayant été déposées sur la cheminée, les jeunes gens se carrèrent près du

feu dans de moelleux fauteuils, et s'amusèrent, en vrais Orientaux, à regarder monter
la fumée, sans qu'une seule exclamation leur
échappât.

Il faut le dire pour ceux qui, connaissant
déjà St-Sévrin, s'étonneraient de le voir, lui,
ordinairement si sémillant et si loquace, devenu subitement paisible : St-Sévrin était fu-
meur de profession, et nous ajouterons qu'il
professait avec une religieuse sévérité.

Aussitôt qu'il fumait, — pipe ou cigare,
peu importe, — il n'était plus le même homme :
sa figure devenait grave, ses traits se compo-
saient, sa bouche se faisait dédaigneuse, ses
yeux regardaient d'une manière fixe et terne.
— Il ne lui manquait enfin pour être complétement turc, qu'un turban et une natte où il
pût s'asseoir les jambes croisées.

De sorte que, grâce aux cigares, le pauvre
Marcel, qui, durant tout le déjeuner, avait
été obligé d'en passer par la gaîté de son ami,

put enfin se reposer un peu, et savourer à loisir la fumée et le silence. —

— Marcel, dit St-Sévrin avec une profonde voix de basse-taille, es-tu souvent allé au bal, depuis que tu es à Paris ?

— Jamais, répondit laconiquement Marcel, sur le même ton.

— Je t'y mènerai ce soir si tu veux.

—Merci : je n'y tiens pas.

Cette interruption annonçait que la fumade allait bientôt finir.

En effet, les deux derniers cigares s'allumaient en cet instant.

—Tu t'y amuseras beaucoup, reprit St-Sévrin, quand il eut achevé. Tu y verras de fort jolies femmes, et tu y boiras d'excellent punch.

— Je n'y tiens pas.

—Ah ! bah ! ce sont des contes. Il faut bien s'égayer un peu.

— Chez qui donc ce bal ?

— Chez une délicieuse créature, la marquise Elisa de Rialto.

— Quel âge a-t-elle ?

— Peste !... Te voilà déjà au chapitre des informations ! En serais-tu amoureux avant de la connaître ?...

Marcel sentit que la fièvre d'hilarité revenait à son ami, et il se hâta de se lever pour partir.

— Elle a vingt-six ans, continua St-Sévrin. Et elle est belle, mais fort belle. — Y viendras-tu ?

— Je ne sais trop ce que je dois faire : je n'ai pas l'habitude du monde.

— Elle ne s'acquiert qu'en le fréquentant beaucoup.

— Que me conseilles-tu ?

— D'y venir, parbleu! C'est dit. — Ce soir à dix heures , je t'attends.

En effet, à dix heures du soir , Marcel arriva chez St-Sévrin.

. . . .

Quand ils entrèrent dans le salon de la marquise , on dansait déjà.

St-Sévrin s'approcha de la maîtresse de la maison, et lui dit d'un air assez familier : Voici, madame, M. Marcel, un de mes amis, que je vous présente. — La marquise et Marcel s'inclinèrent. St-Sévrin passa d'un côté, Marcel de l'autre.

St-Sévrin, lui, homme du monde, fashionable qu'il était, allait de l'une à l'autre danseuse, variant avec beaucoup d'esprit les complimens qu'il avait à faire, et trouvant toujours moyen de laisser un regret à celle qu'il quittait, et de s'attirer un coup d'œil bienveillant de celle dont il approchait.

C'était un vrai triomphe. — Tous les autres jeunes gens le regardaient d'un air d'envie.

Il est vrai de dire que St-Sévrin était extraordinairement séduisant. — Une figure assez belle, une allure aisée, une taille élégante ; — pour le physique. Beaucoup d'esprit, une érudition profonde en galanterie, un fonds inépuisable de complimens en tout genre ; — pour le moral ;..... et par-dessus

tout cela, un air de confiance, une physionomie ouverte et noble ; et plus encore, une
réputation acquise de jeune homme à bonnes
fortunes ; — Voilà ce qui le rendait si redou-
table aux hommes, et si agréable aux femmes ;
voilà ce qui lui assurait toujours la royauté
d'un salon. —

Cependant, ce soir-là, si les femmes se fussent donné la peine d'examiner un peu, au lieu
de rester sous le charme de St-Sévrin, elles
eussent assurément bien vite détourné leurs
regards de lui ; car il y avait près de lui un
jeune homme qui le surpassait et de beaucoup.

Oui, certes, Marcel était supérieur en tout
à son ami. Seulement, jeune, sans prétentions
et sans audace, il ne savait pas se faire valoir,
et demeurait dans un coin sombre et isolé pendant qu'on s'arrachait St-Sévrin.

Et il méditait.

Il se voyait pour la première fois au milieu
d'une cohue d'hommes riches et puissans, lui
sans fortune ; — dans un flot de sommités so-

ciales , lui inconnu ; — mais aussi dans un tourbillon de nullités intellectuelles , lui qui sentait du génie germer sous son crâne...

Et cela le faisait réfléchir.

Puis , il regardait toutes ces femmes qui passaient près de lui , avec dédain presque , et pas une ne lui faisait envie.

Oh ! ce n'était pas ainsi qu'il les avait rêvées lui, les femmes ! — Il ne se les était jamais représentées la gorge et les bras nus, le regard hardi, l'accent criard , la voix haute , comme celles qu'il avait sous les yeux ; — mais au contraire , il avait cru les deviner modestes , les yeux baissés , la voix douce , parlant bas et avec mystère ; — il les avait entrevues , semblables aux anges, semblables à Marie la mère de Dieu.... Et cette illusion qu'il avait nourrie long-temps , et qui s'en allait brusquement à cette heure, faisait crier intérieurement toutes les fibres de son cœur et crispait son visage malgré lui.

La marquise s'en aperçut.

— Voyez donc votre ami, dit-elle à St-Sévrin, comme il a l'air triste !

— Il est presque toujours ainsi, madame, répondit St-Sévrin; c'est un caractère fier et concentré.

—Ah !

— Il ne s'amuse jamais de rien.

—Savoir pourquoi ?

— Peut-être parce qu'il ne vous connaît pas encore , madame.

—Savez-vous bien qu'en croyant me faire un compliment, c'est une impertinence que vous me dites-là? A votre compte, je suis donc un objet amusant, moi?

— Oui... vous êtes un bijou, — lui répondit-il de manière à ce qu'elle seule l'entendît.

Elle lui paya son explication avec un sourire , et d'un mouvement spontané , ils se levèrent tous deux pour valser.

Et en valsant, ils passèrent près de Marcel qui rêvait toujours. La robe de la marquise effleura la main du jeune homme ; il faillit crier, tant l'émotion qu'il éprouva fut électrique.

— Oh!... dit-il tout bas.

Il trembla de plaisir.

Alors il remarqua davantage cette femme qui venait de réveiller ainsi sa sympathie ; il attacha ses yeux sur elle ; il la regarda tourner ; il en voulait à St-Sévrin de la tenir dans ses bras ; — il retenait sa respiration comme elle ; ses pieds battaient la mesure comme elle : mais tout d'un coup, par un retour sur lui-même, il se prit à rire.

— Est-ce que je suis fou ? pensa-t-il.

Il entra dans la salle de jeu, sa mélancolie le reprit.

Une grande foule d'hommes, jeunes et vieux, passaient près de lui, le coudoyaient, mais nul n'avait un regard pour lui. Il était là, plus étranger, plus seul, que s'il eût été perdu dans les sables de l'Égypte. Aussi il alla s'asseoir dans un coin, et il écrivit d'inspiration sur un carnet les vers suivans :

Parmi ces jeunes gens, parmi ces jeunes femmes,
Qu'enivrent la musique et les fleurs, — je suis seul;
Plus seul qu'un vieux palais dévoré par les flammes,
Ou qu'un mort étendu dans son dernier linceul! —

Tous ces regards brillans où le bonheur rayonne
Ne viennent pas chercher mon œil silencieux.
Chacun est occupé de soi-même, — et personne
Ne remarque mon air profond et soucieux.

Parce que je n'ai pas la bouche accoutumée
A débiter sans rire un fade compliment;
Les femmes, — à qui rien ne plaît que la fumée, —
Si je veux leur parler, répondent froidement.

Parce que je n'ai pas la lèvre prompte à rire,
Parce que mon maintien n'est pas comme le leur,
Les hommes près de moi passent sans me rien dire,
Sans demander pourquoi mon front est sans couleur.

Aussi, que viens-je faire ici? Quelle folie
De mêler ma pensée à ces joyeux ébats!
Moi, dont l'âme souvent se recueille et s'oublie
Pour écouter un Dieu qui me parle tout bas! —

St-Sévrin vint à lui.

— Que fais-tu donc là? lui dit-il en le voyant écrire.

— Rien...

— Allons donc, cache ce carnet. Rien n'est plus prétentieux et plus mauvais ton que cela, mon cher... On se moquerait de toi si l'on te voyait.

— Que m'importe !

— C'est bon à dire... As-tu fait danser la marquise ?

— Non.

— Tu vas te faire passer pour un homme sans usage.

Comme il disait cela, la marquise s'approchait d'eux.

— Eh bien ! messieurs, vous êtes déjà fatigués ? dit-elle.

— Du tout ! du tout ! répondit vivement St-Sévrin ; on ne se fatigue pas avec vous, madame.

— Peut-être.... dit malicieusement la jeune femme.

St-Sévrin, souriant, passa au salon.

— Vous ne dansez donc pas? dit-elle à Marcel.

— Non, madame.

— Et pourquoi cela?

— Mais..... je ne sais trop.....

— Allons ! vous ne me refuserez pas une contredanse ?

Elle le prit familièrement par la main, comme un enfant. — Marcel frissonna de la tête aux pieds.

— Que vous êtes bonne ! murmura-t-il.

Ils allèrent se placer.

Marcel n'osait pas parler. Madame de Rialto se chargea de cela pour lui. Elle l'accabla sur lui, sur sa famille, et sur mille autres choses semblables, de questions auxquelles il répondit tant bien que mal, sans toutefois oser jamais regarder en face son interlocutrice.

Mais aussitôt qu'elle détournait la tête, les yeux du pauvre jeune homme tombaient sur la jeune femme et la dévoraient...

—Qu'elle est bonne! qu'elle est douce ! disait-il, inexpérimenté qu'il était.

Il avait tout critiqué dans les autres; mais dans elle, il ne critiquait rien. Tout en elle était bien pour lui. Son regard, peu accoutumé encore à voir sans gêne des objets lascifs, plongeait, aussi brûlant, aussi chaud qu'un rayon du soleil, sous cette robe échancrée, que mordait avec peine une gorge belle et haletante, et qui laissait deviner plus encore... — Et cependant tout à l'heure il avait maudit les femmes dans leurs nudités. — A la fin, son sang afflua en masse vers son cœur; il ne put plus respirer ; puis il eut chaud et brûla.

La marquise s'aperçut de la puissance de ses charmes, et, femme qu'elle était, au lieu de chercher à calmer l'agitation fiévreuse de ce malheureux par de la froideur et de la réserve, elle la doubla par des regards et des sourires à tuer...

Oh ! — Il y avait à la fois un ciel et un enfer dans le cœur de Marcel!..... Ses nerfs

étaient violemment crispés, ses yeux rouges
et sanglans comme du feu ; — on eût pu compter les pulsations de son cerveau, entendre le
flux et le reflux de son sang : il faisait peur et
pitié, tant le désir, l'amour et un besoin ardent de voluptés le rongeaient. — Et la marquise lui souriait toujours.

Je ne le cache pas. Moi, qui écris ces
lignes, si j'avais été Marcel, oh! je me serais
vengé de cette femme ! je me serais jeté pal-
pitant sur elle, au milieu de tout ce monde ; je
l'aurais étreinte dans mes bras, assez fort pour
que Dieu seul l'en pût arracher.... Et elle eût
été à moi sur l'heure... ou je l'aurais étouffée.

..... A trois heures du matin, Marcel et
St-Sévrin se retirèrent.

—Es-tu content de ta soirée? dit St-Sévrin.
Marcel ne répondit pas.

———

IV

Iʟ y avait à peu près quinze jours que le bal
de la marquise avait eu lieu. Marcel, poursuivi toutes les nuits par l'image de madame
Elisa de Rialto, était déjà passé plusieurs fois
chez elle, et ne l'ayant pas trouvée, n'avait pu
qu'y laisser sa carte.

Vingt fois il avait formé le projet de ne plus revoir cette femme. Vingt fois il s'était dit qu'il ne l'aimait pas; que ce n'était qu'une exaltation passagère dont il avait été le jouet.

— Malgré cela, la voix du désir lui criait plus haut de la revoir.

— Eh bien ! oui, je la reverrai, dit-il enfin.

Et comme les destinées sont écrites et qu'on ne les évite pas...

Il la revit.

Il la revit plus belle que jamais. — Sa figure reposée et calme, ses traits, non point effacés comme le jour du bal, mais beaux, mais noblement dessinés, fascinèrent Marcel. Il resta quelques instans sous le charme, anéanti, muet, n'ayant que des yeux.

Quand il put trouver une parole, il lui dit :

— Avez-vous été fatiguée de votre soirée, madame?

— Mais... du tout, monsieur, répondit-elle en souriant.

Il se mordit la lèvre, comme s'il eût fait quelque bévue.

Oh! qui n'a pas éprouvé ce qu'éprouvait Marcel à cette heure? Qui n'a pas été auprès d'une femme adorée, sans voix, sans force, presque sans vie? — Réunissant toutes ses facultés ensemble pour l'écouter; — Appelant toute la puissance de son âme dans ses yeux, pour la voir avec l'âme; — Se recueillant devant elle comme devant Dieu, seulement avec plus de foi, avec plus d'amour encore; — Croyant n'avoir jamais vécu avant ce jour, désespérant de vivre après; — Bénissant le Ciel de lui avoir fait connaître un ange, le maudissant de la lui avoir révélée si tard; — Pleurant dans son cœur de n'avoir pas une éternité, un monde, une couronne d'élu à jeter sous ses pieds; — S'humiliant devant tant de beauté et de poésie; — Se faisant petit;

— N'osant et ne pouvant parler ; — Semblable à un sourd-muet, à un cadavre?...

Qui ne s'est pas dit devant une femme aimée: y a-t-il quelque chose autre à désirer dans la vie? — Qu'est-ce qui est plus beau que cette femme? — Qu'est-ce que Dieu peut avoir de plus dans le ciel?...

Qui ne s'est pas dit: si cette femme voulait avoir un regard, une parole d'amour pour moi, j'assassinerais un homme. — Je perdrais mon âme, si elle voulait m'aimer?...

Oh! ces heures-là... ces heures d'extase où l'on s'oublie, où le monde s'efface, où l'on se croit plus grand que les autres hommes, aussi grand que Dieu!... ces heures-là, pourquoi ne reviennent-elles donc jamais?

Pourquoi tracent-elles sur notre âme un sillon où ne doit germer que le souvenir?...

Voilà ce que se disait Marcel.

Il était livré à ces mille réflexions, à ces mille pensées qui accablent une âme de jeune homme devant une jeune femme qu'il se sent près d'aimer.

Comme le jour du bal, il dévorait cette belle marquise de Rialto. Je me trompe; aujourd'hui il l'aimait davantage encore. — Il y avait en lui moins de désirs, mais plus d'amour, car c'était son âme, à cette heure, et non plus sa chair, qui parlait...

Il remerciait intérieurement la marquise de sa robe qui, cette fois, couvrait tous ses charmes. Il était heureux de trouver de la pureté au fond de sa passion, de pouvoir se dire : c'est elle que j'aime, et non pas sa nudité. —

Oh! qu'il aurait donné avec joie la moitié de son sang! qu'il aurait sacrifié avec amour la moitié de ses rêves de gloire, pour qu'il lui fût permis seulement de s'agenouiller devant celle qu'il croyait un ange; de mouiller ses pieds avec des larmes; de brûler sous des baisers le parquet qu'elle avait foulé, — dût-il après cela ne la revoir plus !

La jeune femme, qui connaissait déjà sa

púissance sur Marcel, et qui, bien qu'elle ne res-
sentît pas d'amour pour lui, était cependant ré-
solue non-seulement à ne pas la perdre, mais à
l'augmenter encore; sans prévoir, comme elle
l'aurait dû, les conséquences qui pouvaient en
résulter, chercha à envenimer cette passion
naissante.

D'abord, elle se tut quelques instants aussi,
— sachant bien que dans le silence les passions
s'exaltent, fermentent, et deviennent du fana-
tisme et du délire.

Et Marcel qui ne se doutait pas encore de
ce qu'il y avait de ruses dans un cœur de
femme; qui n'avait pas encore, je ne dis pas
connu, mais soupçonné même, — puisqu'il
l'aimait, — la coquetterie de la marquise de
Rialto; Marcel buvait avec ivresse ce poison
qui lui était offert, et demeurait silencieux,
ne croyant pas que le bonheur de l'autre vie
pût être autre chose que la religieuse contemplation d'une femme aimée.

Tellement qu'il souffrit presque, quand

madame de Rialto, redoutant la monotonie, le plus puissant ennemi de l'amour, — tourna gracieusement vers lui sa jolie tête, et le regarda avec un sourire.

Il n'eut pas la force de sourire aussi, lui.

— Qu'avez-vous, monsieur? lui dit avec l'air d'un profond intérêt la marquise, qui le vit rougir et pâlir presque en même temps? — Seriez-vous souffrant?...

— Vous êtes trop bonne.... madame, dit-il à demi voix. Au contraire, — je...

Il ne put achever sa phrase.

Une conversation vague s'engagea; de ces conversations du monde où l'âme n'est pour rien, où la lèvre seule est chargée de jouer un rôle; froides, sèches, sans intimité; conversations obligées, qui commencent par une observation sur l'état de la température, et qui se terminent par un bon mot ou une maxime.

Seulement, dans celle-ci, les deux interlocuteurs auraient avidement désiré sortir de la route battue ; mais les fatales convenances étaient là qui disaient : — Vous vous connaissez depuis trop peu de temps encore.

Et de paroles en paroles, on en vint à causer magie, — bonne aventure...

— Il est des gens qui lisent l'avenir dans la main , dit la marquise. Vous n'êtes probablement pas de cette force , vous, monsieur ? — Quoique cependant , ajouta-t-elle en souriant , je vous croie apte à tout....

Marcel ne comprit pas ce que cela voulait dire.

— Non... madame , répondit-il.

Madame de Rialto fit presque la moue.

— On prétend, continua-t-elle un instant après, que cela n'est pas difficile.

Marcel ouvrit machinalement sa main et la regarda.

La marquise ouvrit la sienne aussi et dit :

— Oh!... quelles longues raies j'ai!... Cela présage, je crois, une longue vie...

— Voyez donc jusqu'où elles vont , monsieur, ajouta-t-elle avec une naïveté d'enfant, en se penchant vers Marcel.

Cette fois, Marcel saisit la jolie main qu'on tendait; mais il ne la vit pas... Un nuage épais passa devant ses yeux.

— M. le général Ovigi! cria un domestique en ouvrant la porte du salon.

La marquise retira vivement sa petite main, et salua le général qu'elle accabla de politesses et de gracieusetés, pour désespérer sans doute le pauvre jeune homme, qui, en effet, témoin de tout cela, souffrait horriblement.

De nouvelles visites arrivèrent.

Et la marquise en agit de même avec chaque personne qui entra; tellement, que ne pouvant plus supporter de la voir bonne et douce pour les autres plus que pour lui, Marcel se retira brusquement, maudissant intérieurement tous ces hommes.

V

Cette nuit-là , Marcel ne dormit pas. Chaque fois que ses paupières fatiguées se fermaient, la brillante image de la marquise, qui
venait sourire à son imagination préoccupée ,
lui faisait rouvrir les yeux , comme s'il eût
cru qu'elle allait passer devant lui.

Aussi son sang brûlait.

Épuisé par cette insomnie cruelle, par cette fièvre des sens, il sauta à bas de son lit pour tâcher d'y échapper.

Il était deux heures du matin.

Il alluma son feu, s'assit, et un cigare à la bouche, il chercha, mais vainement, d'autres pensées. Toujours entre la fumée du cigare et ses yeux, passait la ravissante créature avec son doux sourire et sa main blanche qu'elle tendait.

C'était un supplice.

Car le souvenir de la veille venait s'offrir alors avec des regrets amers.

— Ah! pensait-il, comment n'ai-je donc pas séché cette main sous mes baisers? Comment n'ai-je pas profité de cet instant pour lui dire : Je vous aime? — Mais j'étais donc insensé!

Alors ses sourcils se fronçaient malgré lui; il attachait un regard fixe et dévorant sur un objet quelconque, et restait plusieurs instants absorbé.

Il voulut lire pour éviter ce flot de pensées accablantes. Il prit le premier livre qui lui tomba sous la main : — c'était le *Giaour* de Byron , son poète favori ; il l'ouvrit et lut ces mots :

— « C'est dans ce moment cruel , que je
» l'ai vue, je te le répète : oui , c'était elle
» enveloppée de son drap mortuaire.... »

. . . .

Il lâcha le livre qui lui roula sous les pieds.

Un instant après il parut plus calme.

Il se promena dans sa chambre , les bras croisés , la tête inclinée sur sa poitrine , — à pas lents et lourds.

Puis, se rasseyant de nouveau , il renversa sa jeune tête sur le dossier de son fauteuil, demeurant dans une attitude fixe , comme un homme résigné à tout.

Et le regret de n'avoir pas dit son amour à la marquise de Rialto , passant encore devant ses yeux avec une forme de démon , — il s'écria :

—Oui, — oui, j'ai bien fait, — que m'aurait servi de lui dire : femme, je vous aime ? que m'aurait servi de me rouler à terre comme un fou ? Cela ne l'eût pas fait seulement rire de pitié.... Elle m'aurait peut-être dit avec sa douce voix d'enfant : — Levez-vous, monsieur ! ou bien : Monsieur, qu'avez-vous ?.... Et moi, il aurait fallu me relever en rougissant, me taire ou parler d'autre chose que de mon amour, pendant que mon amour m'aurait miné.

— Oh ! Et qu'eût-ce donc été encore, si, quand je lui aurais eu dit : j'ai du sang qui est à vous, — madame ; elle m'eût répondu : — votre sang n'est pas noble, monsieur, votre sang ne vaut pas le mien ! !

— Qu'eût-ce donc été si, quand je lui aurais eu dit cent fois avec des prières, qu'elle était nécessaire à ma vie comme l'air, elle m'eût répondu : — Il me faut à moi de l'or et des plaisirs, et vous n'avez rien de cela, vous, monsieur ! !

— Qu'eût-ce donc été si, quand je lui aurais eu crié avec des blasphèmes qu'il fallait qu'elle fût à moi, — j'avais été obligé, pour échapper à mon amour et à son mépris, — de la tuer, et moi après ?...

— Qu'eût-ce donc été ?

— Oh! oui, — j'ai bien fait, — j'ai bien fait de ne lui rien dire, d'être sans voix pour elle, de savoir souffrir. — Mais en vérité, j'ai plus souffert que si vingt lames de couteaux bien tranchantes m'avaient coupé le cœur par morceaux.

Et le pauvre jeune homme porta ses deux mains à sa poitrine, et les y appuya avec force, comme pour l'empêcher de battre si fort et de le torturer autant.

— O mon Dieu ! reprit-il un moment après, pourquoi donc m'avez-vous fait connaître cette femme ? Pourquoi m'avez-vous mené presque par la main au-devant d'elle, moi dont les yeux aiment, dont l'âme sent tout ce qui est beau ; — moi dont les passions sont de feu ; — moi qui, dans ma tête ardente, ne rêve jamais que d'amour !

Et le pauvre Marcel mouilla de larmes, de vraies larmes de cœur, ses deux mains qui voilaient ses yeux ; et dans un instant, toute sa poitrine fut inondée.

Puis, comme si Dieu qu'il venait d'invoquer, lui eût envoyé une inspiration soudaine; il s'écria :

— Il en est peut-être temps encore ; — c'est fini, — je ne la reverrai plus.

Et il s'étendit sur son lit.

VI

— Oh ! comme ta peau est douce ! comme
ta peau est satinée, ô mon ange ! — Comme
tes yeux sont languissans ! — Comme ta voix
est faible ! Pourquoi te laisses-tu aller
ainsi ? — Es-tu donc sans force, que tu t'in-
clines sur moi comme une fleur qui tombe ?...

Qu'as-tu ? — Veux-tu mourir d'amour ? Dis. — Veux-tu mourir d'amour ? — Oh non ! attends encore, ma bien-aimée. Le soleil nous brille, ne le vois-tu donc pas ? — Ne vois-tu donc pas comme le ciel est beau ?

Laisse-moi mettre mes bras autour de toi. Je te veux. — Je te veux...

Oh !!...

Tiens, regarde comme je suis rouge. — touche, comme mon front brûle ! C'est pour toi, — oui pour toi, pour toi toute seule, ô ma bien-aimée ! rien que pour toi.

Oh ! laisse-moi donc ta toute petite main blanche dans la mienne ! Je te prie, laisse-la-moi...

Si tu savais... Mon Dieu !...

Pour toi, que veux-tu donc que je fasse ? dis ? Ordonne-moi de briser mon crâne sous tes pieds ! — Ordonne-le-moi. — Mais non. Pas encore... — Demain, cela... Aujourd'hui, dis-moi de te tuer de voluptés. —

... O mon ange !...

—Dans mes bras, répondait une douce voix de femme; — dans mes bras..... Que je t'étreigne, ô mon bien-aimé!

Tiens, — tiens, prends-moi. Par pitié! oh! prends-moi..... Serre-moi bien fort contre ta poitrine, mais bien fort, — plus fort encore... — Que je ne respire plus!!

Oh! comme on est bien ainsi!....

A toi mes yeux, que les jeunes hommes disent grands et beaux!

A toi ma longue chevelure, qui balaie la terre, — pour que tu y noies tes douces mains, et que tu la baises avec amour!

A toi ma peau, que tu trouves douce et satinée et blanche!

A toi ma bouche, qui brûle comme du feu. — Mais prends garde..... elle pourrait ronger la tienne, — ô mon bien-aimé!

A toi ma gorge, irritée comme les vagues d'une mer houleuse!

A toi mes épaules, pour que tu me les mordes avec frénésie! —

A toi tout ! —

Oh ! déchire-moi donc avec tes dents;
— jusqu'à ce que je saigne... ô mon ange !

Oh! tue-moi donc de volupté...

— Ah !!!...

Et long-temps ce ne furent que nouvelles
paroles lascives, nouveaux baisers ardens,
nouveaux cris convulsifs et frénétiques qui
attestaient encore la puissance amoureuse des
deux amans, jusqu'à ce qu'enfin, épuisés sans
doute, et n'ayant plus même la force de s'é-
treindre, ils se laissèrent aller et s'endormirent.

C'était par un beau jour d'été qu'avait lieu
cette voluptueuse scène, dans un superbe châ-
teau des environs de Paris.

La marquise Elisa et St-Sévrin, car c'é-
taient eux, — étaient venus passer là quelques-
uns des beaux jours de la saison, et pendant
que monsieur de Rialto, — dont nous dirons
quelques mots plus tard, — demeurait so-
litaire ou non à Paris, — sa belle épouse dor-

mait, épuisée de plaïsirs, aux bras d'un jeune homme.

Comment lui, St-Sévrin, de bonne heure si dégoûté des femmes, si blasé, paraissait-il cependant avoir dans le cœur tant d'amour? Comment elle, la marquise, si coquette, si pimpante, si volage, avait-elle l'air de sentir autant? —

O mon Dieu! ce n'est certes pas là un grand problème.

D'abord ne vous imaginez pas que ces deux êtres, qui s'accablaient ainsi de paroles et de caresses corrosives, ressentissent réellement de l'amour l'un pour l'autre. — Ne vous imaginez pas cela, vous vous tromperiez.

Sans doute, il y avait entre eux, momentanément, une certaine sympathie. Mais ce n'était pas cette sympathie morale qui vous entraîne malgré vous, qui vous attire avec une puissance surhumaine, qui vous cloue pour ainsi dire devant une femme, en vous disant : Voilà celle que tu dois aimer !—

Non.

C'était une sympathie simplement physique, une force matérielle, une puissance des sens toute brutale, un désir incandescent, qui les poussait et les enlaçait... C'était simplement un besoin de voluptés, un besoin comme tant d'autres auxquels notre nature est sujette et dont elle ne se passe pas...

C'était un appétit de la chair, un accouplement, — et voilà tout.

S'ils avaient l'air de s'aimer beaucoup, c'est que d'abord le désir des jouissances les excitait à se mentir; — c'est ensuite, que chacun des deux, par orgueil, par foi en lui, se croyant réellement adoré de l'autre, cherchait à se l'attacher davantage encore en paraissant l'aimer.

Puis, — qui sait ? C'était peut-être tout uniment l'effet de l'amour-propre.

Peut-être St-Sévrin était-il fier d'entendre dire tout bas dans un salon quand il passait : voilà l'amant de la ravissante marquise de Rialto!

Peut-être la marquise de Rialto était-elle fière d'avoir St-Sévrin pour amant et d'entendre chuchoter, près d'elle, dans les bals, les femmes que St-Sévrin dédaignait !

Et tous deux se mentaient l'un à l'autre ; jouaient la passion pour se conserver.

Qui sait encore ?

Mais ce qu'il y a de positif, de certain, c'est que St-Sévrin n'aimait pas plus la marquise que toute autre femme ; — C'est que la marquise n'aimait pas plus St-Sévrin que tout autre jeune homme. — C'est que ces deux existences n'étaient certes pas unies, liées, agglomérées ensemble, par amour ; — c'est qu'il n'y avait entre elles, moralement parlant, — aucun point de ressemblance, aucun rapport.

Au reste, laissons cela ; car je n'aime pas à désenchanter les hommes, en amour surtout ; — seule chose qui soit parfois digne d'un sourire avant, et d'un sourire après....

Au bout de quelques instans de sommeil

St-Sévrin s'éveilla, et s'étant machinalement frotté les yeux, il appela à demi-voix Élisa qui, étendue près de lui, fatiguée, et endormie encore, ne lui répondit pas.

Comme le jour se glissait brillant et clair à travers les rideaux de l'appartement, St-Sévrin se pencha vers sa maîtresse pour la voir dormir.

Il la regarda sans passion, sans charme.

Preuve encore qu'il ne l'aimait pas ; car il n'est rien au monde qui jette plus la joie à poignée dans l'âme, que cette émotion indéfinissable, incompréhensible, céleste, que fait éprouver le sommeil d'une femme aimée.

Il la réveilla avec un baiser glacial. — Comme ils avaient l'air usés ! Comme ils étaient pâles tous deux !...

C'est que tous deux ils avaient cherché mutuellement à s'épuiser ; — c'est que chacun des deux en avait agi avec l'autre, comme un homme qui se hâterait de vider un flacon de vin qu'il voudrait briser après...

Le regard vitreux, le teint mat, les cheveux roïdes, la poitrine haletante, ils cherchèrent encore à s'exciter, mais en vain.

Et pendant ce temps-là, Marcel, dont l'âme, pure et florissante encore, eût donné tant d'amour, en eût fait éprouver tant ; Marcel, dont les émotions neuves et douces eussent ajouté de si grands charmes aux plaisirs des sens ; — le pauvre Marcel était obligé de se meurtrir la tête avec les poings, pour chasser l'image de cette femme qui se livrait sans passion, qui se donnait, qui se prostituait presque ; — et qui n'avait un souvenir pour lui que lorsque sa coquetterie, éveillée par quelque nouvel hommage, lui rappelait la silencieuse visite du petit jeune homme, comme elle disait.

Ce jour-là, St-Sévrin, qui n'avait pas eu des nouvelles de son ami depuis bien longtemps, en demanda à la marquise.

— Je ne l'ai pas vu depuis quatre ou cinq mois, dit-elle.

VII

Avez-vous essayé quelquefois, lorsque
votre imagination, vos facultés épuisées, soit
par un travail d'esprit, soit par une douleur
physique, soit par une incurable blessure
morale, refusaient de se prêter encore à vous,
de vous obéir encore ; — pendant ces heures

de découragement profond, où l'on sent des envies violentes de se rafraîchir le front avec la balle d'un pistolet; — pendant ces heures de dégoût, où l'âme doutant d'elle-même, blasphèmerait Dieu si elle pouvait croire encore à Dieu; — avez-vous essayé d'entrer le soir dans une sombre église bien vieille, bien noire, bien silencieuse, et là, seul, d'incliner religieusement votre front devant l'autel?

Vous qui l'avez essayé, dites-moi :

N'est-ce pas qu'on ressent en soi un soulagement indicible, mais réel? N'est-ce pas qu'il semble en vérité qu'on ait déposé le fardeau de sa vie en entrant, et qu'on soit, à l'heure qu'il est, aussi léger que cet apôtre qui marchait sur les eaux? —

Vraiment alors on peut se faire une idée du ciel.

Ce calme imposant qui vous environne; — cette vague odeur d'encens, dernier reste de la cérémonie du soir; — cette faible clarté qui, dans le fond, luit vis-à-vis le tabernacle, et paraît être, comme l'étoile des mages, une clarté d'en haut qui vous invite à vous prosterner et à prier ; — ces ténèbres pieuses qui semblent placées là pour vous voiler la face de Dieu ; — cet écho prolongé qui répète et fait longuement résonner chacun de vos soupirs, comme pour vous dire qu'il a été entendu d'en haut ; — et plus encore cette paix intérieure qui a succédé à votre agitation ardente ; — cette croyance vague qui germe soudainement au milieu de votre scepticisme complet ; — cet amour qui revient en votre cœur, que vous aviez cru mort à tout ; — cet amour plus pur que celui que vous aviez déjà connu, plus saisissant et plus sublime que l'autre amour.... Tout cela, dites-moi, n'est-il pas au-dessus des joies du monde, de toute la hauteur qui est entre la terre et le ciel ?.,.

Car souvent, n'est-ce pas, quand vous êtes sorti d'une de ces fêtes bruyantes, où l'on croit jouir en s'étourdissant, où l'on croit passer gaîment sa vie, parce qu'on l'effeuille à la hâte, au milieu des chants, de la musique et des parfums; souvent, quand vous avez eu cherché dans un bal à vous enivrer avec du punch et des sourires de femmes; — quand il vous est arrivé d'avoir eu assez de pouvoir sur vous-même pour paraître joyeux au milieu de figures qui ne paraissaient joyeuses que parce qu'elles forçaient leur bouche à grimacer un sourire comme vous; — souvent, quand il vous est arrivé d'avoir eu recours, pour oublier le passé, à tout ce qu'il y a de plus dissolvant au monde, je veux dire aux liqueurs, aux plaisirs des sens et à l'opium; — vous vous êtes dit avec un intime sentiment de dégoût:

— Tout cela n'est pas du plaisir, tout cela n'est pas de la joie! Où donc est le plaisir? où donc est la joie?

Et si vous avez voulu à plusieurs reprises, — par inexpérience, — chercher le bonheur dans les tourbillons du monde, ne vous êtes-

vous pas dit plus tard, quand les mêmes causes
vous poussaient à y rentrer :

— Non, — parce qu'on est encore plus
malheureux après.....

Oh ! alors, — aller, comme je vous l'ai dit,
le soir, dans une sombre église, bien vieille,
bien noire, bien silencieuse, et là, seul, incliner religieusement son front devant l'autel: c'est
plus qu'il n'en faut pour redevenir calme,
pour être heureux, pour croire et prier !—

Depuis plusieurs mois qu'il n'était retourné
chez la marquise de Rialto, comme on le sait,
Marcel avait senti qu'il lui fallait chercher
quelque chose pour combler le vide immense
qu'une passion non assouvie avait soufflé dans
son âme, et après avoir regardé tout autour
de lui, il n'avait trouvé que le remède dont je
viens de vous parler.

Et grâce à de fréquentes méditations la nuit,
dans les temples, il avait fini au bout d'un certain temps par recouvrer un calme, sinon

égal à celui qu'il avait perdu, bien plus grand au moins qu'il n'eût même osé l'espérer.

Quelquefois encore cependant un souvenir confus, vague, venait le surprendre au milieu de ses occupations du jour ou de ses rêves de la nuit; mais ce n'était plus qu'une ombre bien faible, aussi faible qu'un léger bruit renvoyé de bien loin par un écho...

Et quand cette pensée, quelque peu dangereuse fût-elle, fatiguait trop Marcel, il s'acheminait lentement vers une église, et quelques minutes après tout était fini; — son visage était redevenu souriant, son âme sereine. Un jour pourtant il se sentit plus accablé que jamais.

Il avait revu dans un songe toute son histoire avec la marquise, depuis le jour du bal jusqu'au moment présent, et toutes les souffrances qu'il avait éprouvées depuis plusieurs mois, lui étaient retombées à la fois lourdes et poignantes, sur le cœur. Aussi le matin en s'éveillant , il trouva sa plaie rouverte et plus saignante que jamais.

Il sortit.

Comme il n'était habitué à fréquenter les églises que la nuit, il ne songea pas à y entrer. Il parcourut, la tête basse , plusieurs rues , sans savoir même où il allait. A la fin, s'apercevant que rien ne le soulageait , qu'aucune distraction ne lui était possible , il se décida à ne pas attendre jusqu'au soir pour prier.

Il se trouvait à ce moment dans la rue St-Honoré , ayant à sa droite la rue Duphot et l'église de l'Assomption à sa gauche. Une foule immense d'équipages bordait les deux côtés de la rue St-Honoré, car il était une heure de l'après-midi et c'était un dimanche ; — et les petites maîtresses , vous le savez , ne peuvent entendre la messe qu'après midi.

Et en effet, soyons de bonne foi.

Comment voudriez-vous que ces douces petites créatures , si frêles, si languissantes , qui passent leurs nuits dans le monde pour le bonheur du monde ; — qui dansent , qui chantent, qui rient, qui se couvrent de fleurs et de parfums ; — qui le matin sont toutes lasses et souffreteuses ; comment voudriez-vous , sans barbarie , sans injustice , les forcer de sa-crifier leur repos pour ces maudites églises où l'on est obligé d'être sérieux un gros quart-d'heure au moins ?

C'est impossible.

Comment voudriez-vous que ces pauvres jeunes femmes dont les yeux sont encore gon-flés , les membres engourdis , interrompissent leur doux sommeil du matin , leurs jolis rêves roses pour courir à une église humide et mal-saine , capable de leur donner le mal de la mort, après tout ?

Oh ! mon Dieu non !

Dormez , jeunes femmes , dormez.—Rêvez à vos plaisirs d'hier , à vos plaisirs de demain; bercez-vous dans vos beaux songes: il sera bien temps de vous éveiller pour entendre la messe d'après-midi.

Et ne craignez pas que pour cela Dieu vous soit sévère ; non, certes. Dieu vous aime, pauvres petits anges , Dieu vous aime ! ainsi dormez tranquilles, dormez.

Marcel n'était pas aussi indulgent que nous , lui ; aussi , en entrant, il jeta un regard sombre autour de lui , sourit avec pitié , et cette fois , au lieu d'incliner sa tête, la tint droite pour mieux voir.

« — Dérision ! se disait-il ; il n'est vraiment plus rien de respecté , plus rien de sacré aujourd'hui , pas même les temples ! On n'a pas assez des promenades publiques , des fêtes, des réunions nocturnes, pour étaler ses charmes et sa toilette , pour échanger des regards adultères , pour faire écouler le temps plus rapide; — il faut encore que les églises soient profanées, — que la coquetterie vienne jusqu'ici comme si elle voulait tenter Dieu !...

Ne dirait-on pas à voir tout le luxe, toutes les frivolités de ces femmes, qu'elles sont venues, attirées par quelque rare spectacle, par curiosité et non par devoir, par fantaisie et non par piété !

Ces bouches qui ont peine à dissimuler un bâillement; ces yeux qui errent çà et là quand ils ne devraient regarder que la terre, ces sourcils que l'ennui rapproche par une imperceptible ride ; ces maintiens indolens : tout cela, n'est-ce pas plutôt une moquerie qu'une pratique religieuse, un blasphème qu'une prière?

Ah! vous les verrez un jour ces femmes, vous les verrez quand l'âge les aura courbées en deux, quand leurs cheveux seront blanchis, quand les hommes n'auront plus pour elles des paroles d'amour, quand tous les regards qu'elles pourront intercepter ne seront que des regards de pitié et de dégoût; vous les verrez....

Elles reviendront à Dieu alors ! Elles parleront devoirs et vertus , elles moraliseront, elles craindront la mort.

Mais à cette heure , gardez-vous bien d'avoir près d'elles un langage austère; vous vous feriez railler et montrer au doigt.

Aujourd'hui elles ont des amans qui les encensent, des jeunes hommes qui leur obéissent et qui les prient.... Aujourd'hui, — voyez plutôt, — elles traitent de puissance à puissance avec l'éternel; elles ont leurs autels aussi, leurs prêtres , dont elles devraient bien s'apercevoir cependant qu'elles ne sont que les idoles...

Ah! comme je rirais, si Dieu, pour se venger maintenant, les faisait sortir d'ici, vieilles, ridées, hideuses, elles qui y sont entrées jeunes, rieuses et parfumées; si Dieu leur disait : vous avez vécu assez, à d'autres la place... et s'il leur clouait à chacune sur les bras une bière de sapin, — dernier lit de toutes les femmes!...

— Et ces hommes ! ces hommes de vingt-ans ! voyez-les, je vous prie.

Les voilà qui rôdent autour des plus élégantes, non pas pour les voir, non pas pour les admirer, mais pour en être admirés, pour en être vus ! Les voilà qui se promènent, fiers de leurs toilettes et de leurs figures de fille, comme des paons qui font la roue...

Ah ! si vous ne croyez pas ; si vous êtes athées, vous ; si vous ne remarquez dans une église que des pierres disposées en colonnes, en voûtes et en chapiteaux ; si vous ne voyez qu'un homme votre égal dans le prêtre, eh bien ! restez dehors et n'entrez pas ! Ne venez pas faire déborder le scandale de vos cœurs sur ceux dont les idées ne sont pas les vôtres, qui croient en Dieu au moins !

N'avez-vous pas, je le répète, les promenades publiques, les bals, les réunions nocturnes pour briller et voir briller ?

N'avez-vous pas, — comme le hibou, — toutes les nuits à dépenser en fêtes ? usez donc les nuits puisque vous les préférez au jour, et laissez le jour pour les autres. »

Et Marcel, qui était venu dans le lieu saint calmer et recueillir son âme, la sentait se déchirer et se tordre sous toutes ces pensées, et serrait si convulsivement avec ses deux mains la colonne où il était adossé, qu'il se fendait les ongles en deux.

Cependant il avait été exaucé en partie, c'est-à-dire qu'il était parvenu à chasser de son imagination le souvenir qui le tuait.

Quand la messe fut achevée, tous les dandys sortirent en foule, pour aller sur le péristyle jeter encore un dernier regard aux jeunes femmes avant qu'elles ne fussent emportées par leurs chevaux rapides ; et Marcel machinalement fit comme eux.

Il fallait voir avec quel air fier et dédaigneux il regardait passer ces délicieuses créatures que les autres yeux inondaient d'amour ! Il fallait voir comme son regard devenait méprisant, quand celui d'une de ces femmes rencontrait le sien!

Il en était une pourtant qu'il n'avait pas vue, parce qu'elle avait détourné involontairement la tête en passant près de lui, mais dont la tournure ravissante semblait demander grâce de l'anathème lancé sur les autres.

Les yeux de Marcel parurent s'adoucir pour elle en effet; mais que devint-il quand la belle inconnue s'étant retournée à demi pour saluer un jeune homme qui la saluait, — il reconnut,

La marquise de Rialto.

VIII

Et qu'on vienne me dire après que les destinées ne sont pas écrites, que la fatalité n'est
qu'un mot!

Vraiment, pour oser avancer de sang-froid
une pareille chose, il faut bien être un homme
glacé, un homme dont toute la vie a été uni-

formément sereine , sans variation et sans se-
cousses , sans excès , soit de félicité , soit de
revers, sans nuance enfin !

Sans doute , quand on a toujours vu les années se succéder égales, soit avec les mêmes
peines, soit avec les mêmes plaisirs ; — quand
on n'a jamais éprouvé un de ces coups du sort
auxquels on ne s'attend pas et qui font subitement d'un homme un dieu ou d'un dieu un
homme... quand on a vieilli entouré des
mêmes objets, les yeux fixés sur le même
ciel , la main appuyée sur le même bâton ;
quand on a toujours bu à la même source , il
est impossible de croire à cette fatalité aveugle
qui régit tout, qui vous pousse, qui vous fait
aller où elle veut malgré vous , qui vous met
quelquefois le pied sur un trône comme à Bonaparte, ou comme à Louis XVI sur un échafaud !

Demandez à l'homme qui , ayant aimé long-
temps sans espoir, faute de fortune , vient à

plier tout à coup sous un héritage immense qu'il n'espérait pas;

Ou à celui qui, la veille d'épouser une jeune fille adorée, venant à perdre tout son bien, n'a plus le lendemain que la misère et la mendicité à offrir !

Demandez au poète dont le génie mériterait un triomphe au Capitole et à qui on ne donne que l'exil et le mépris;

Demandez à Abélard;

Demandez à Dante et à Byron, mais surtout à Louis XVI et à Bonaparte;

Demandez-leur si les destinées ne sont pas écrites, si la fatalité n'est qu'un mot !

Demandez à Marcel aussi.

Car lui aussi vient de sentir, quoiqu'il n'y crût pas avant, qu'il est une puissance occulte sous qui tout fléchit; qu'il est un livre éternel où la vie de chaque homme est gravée d'avance jour par jour, heure par heure.

Comment sans cela eût-il été rejeté de nouveau, et plus fort que jamais, dans le flot d'une passion dont il s'était cru sorti ?

Il y avait près de six mois qu'il n'avait revu la marquise ; il commençait à n'y penser plus ; sa plaie se cicatrisait peu à peu ; quelquefois seulement, nous l'avons dit, elle saignait quelques gouttes de sang encore ; mais Marcel savait un remède auquel elle ne résistait pas.

Quand tout à coup, au moment où la cure paraissait presque achevée, où l'oubli venait — dans le lieu saint, seul refuge où il eût trouvé du repos, seul baume à son mal ; — dans une église qu'il ne connaissait pas même de nom, où il entrait pour la première fois ; — à l'instant où il venait de déclamer en lui contre les femmes, où il les avait méprisées, maudites, — il revoit, il retrouve la marquise de Rialto.

Il veut fuir.... impossible, car elle lui a souri et fait un signe. Il s'est approché et après une légère réprimande, on lui a arraché la promesse d'une prochaine visite.

Et le soir du même jour , Marcel était dans les salons de la marquise.

Oh ! dites donc que les destinées ne sont pas écrites—que la fatalité n'est qu'un mot !

IX

Iʟ ne faut cependant pas que j'oublie tout-
à-fait, mon cher lecteur, de vous donner
quelques détails sur mes personnages. J'ai bien
pu, sans inconvénient, retarder de vous les
peindre jusqu'ici; mais je crois en cet instant
qu'il est heure d'y songer.

Si l'on me demande pourquoi j'ai tant différé cela, j'en donnerai deux raisons.

La première, c'est que les portraits jetés tout d'abord à la tête d'un livre, dénotent ordinairement une grande disette de pensées, un plan mal conçu, et font soupçonner peu de fonds chez celui qui est obligé de se traîner ainsi sur des lieux communs,—car ce sont généralement des lieux communs que les portraits, — pour entrer en matière et faire quelques chapitres.

La seconde raison et la meilleure, c'est qu'avant de peindre un homme, selon moi, il faut l'avoir fait connaître par ses actes, avoir intéressé avec lui.

Que vous importe, à vous, passant tranquillement sur une place publique, qu'un être beau ou laid, qui vous est inconnu, y passe aussi !

Et si quelqu'un vous arrête pour vous dire : — Remarquez donc cet individu qui est près de vous, monsieur ; — remarquez-le. Voyez quelle mine fière ! quel grand front! quels beaux yeux! — remarquez encore cette démarche... ce port...

— Au diable vous et votre homme! direz-vous tout d'abord à l'interlocuteur ; que me fait cela à moi? Laissez-moi aller à mes affaires, monsieur; allez vous-même aux vôtres, et ne vous chargez pas de faire la description des passans !

Mais si au contraire un individu quelconque vient à attirer votre attention par une action singulière ; si, en passant près de vous , un homme se retourne vers un pauvre qui a froid, et lui dit : voici mon manteau pour te couvrir ; — si une femme pleure à sanglots, suspendue aux bras d'un homme, ou autre chose semblable, alors votre curiosité est excitée, éveillée ; alors vous vous approchez , vous regardez, et tous les détails qu'on peut vous donner sur la personne en question , vous paraissent intéressans et dignes d'être ouïs.

Eh bien ! il en est absolument de même dans un roman.

Que m'importe, à moi, que vous me mon-
triez de pied en cap tel ou tel individu que je
ne connais pas, auquel je ne prends pas le
moindre intérêt, qui n'a rien fait de remarquable encore ! Que m'importe de connaître
sa physionomie et sa taille, la couleur de son
teint et de ses cheveux !

Ce que je veux savoir d'abord, c'est ce
qu'il dit, ce qu'il fait et ce qu'il pense ; après
cela, il me sera agréable de connaître son portrait, selon que sa conduite m'aura intéressé,
— plus ou moins.

Je demande pardon de cette insipide digres-
sion, surtout si elle n'est pas dans le système
et le goût du lecteur ; mais j'aime toujours à
donner la cause de tout ce que je fais, vu que
je ne fais jamais rien sans cause.... ce qui est
fort rare par ce temps-ci.

Je reviens à mes moutons. —

Marcel, — pour commencer par le héros
principal, était un jeune homme de dix-neuf
ans, grand, mince, fluet même, mais cepen-

dant d'un extérieur fort remarquable, d'une tournure fort distinguée.

Une épaisse chevelure noire qui surmontait son front et venait former une grosse boucle au-dessus de son oreille droite, faisait admirablement ressortir l'extrême pâleur de sa figure alongée à l'italienne, qui paraissait plus pâle encore, grâce à de magnifiques sourcils noirs hardiment dessinés, et formant deux demi-cercles au-dessus de ses yeux noirs aussi, vêtus de longs cils et merveilleusement taillés en amande.

En les regardant un instant avec attention, ces yeux, on finissait par y apercevoir quelque chose d'étrange. C'était une espèce de vertu magnétique, une force attractive qui vous dominait et tenait votre regard attaché sur eux malgré vous.

On eût dit de l'aimant. —

Et puis, au bout de quelques instans encore, on était surpris de ne plus les trouver de même... On les avait vus doux d'abord, et maintenant ils paraissaient durs et fiers ; l'expression en était totalement changée. Il devenait difficile d'échapper à l'éclair scrutateur qu'ils dardaient, et on était forcé de laisser voir le fond de sa pensée, à moins de la voiler avec un sourire ; — car un sourire était une arme à laquelle Marcel ne résistait pas.

Il avait été si peu habitué à trouver de la sympathie chez les autres, qu'à la moindre preuve qu'on lui en donnât, il devenait radieux. — C'était pour lui une douce rosée dont il avait soif, mais qui malheureusement lui avait été versée à gouttes si rares qu'elle n'avait pas empêché son âme de se gercer.....

Sa bouche petite et d'une beauté vraiment grecque était la partie de son visage où venaient le mieux se montrer les émotions qu'il éprouvait. — Ordinairement fermées d'une manière contractée et convulsive, ses lèvres formaient à leurs extrémités une sorte de courbe qui rendait l'expression de sa physionomie ironique et amère, et qui lui était devenue si habituelle, que lorsqu'il souriait par hasard, on voyait encore aux coins de sa bouche deux courtes rides profondément gravées.

Le moral, chez lui, était aussi beau que le physique.

Il avait une de ces âmes pures et candides créées exprès pour la vertu ; — miroirs sans tache, où tout ce qui est noble et généreux vient se refléter avec éclat ; — réservoirs précieux dont l'eau est toujours pure, et où le peu de sable que sème parfois l'orage en passant, ne surnage pas et coule vite....

Et, — chose rare, — sous cette âme aimante et douce, sous cette apparente timidité d'enfant, se cachait une fermeté à toute épreuve, une volonté de fer. — Rien au monde n'eût pu déraciner de la pensée de Marcel un projet qu'il y avait mûri ; rien au monde n'eût pu le faire reculer d'un pas lorsqu'il avait marché ; quand il voulait, il voulait. —

Malheureusement, cette fermeté, qualité si

importante pour un homme ; et qui peut mener si loin, avait été gâtée de bonne heure en lui par la société ; la froideur des hommes l'ayant aigrie, elle avait fermenté tellement, que ce qui aurait pu être la plus grande vertu de Marcel, — exalté comme il l'était, — était devenu son plus grand défaut.

En toutes choses, il ne voyait plus que les extrêmes.

Incrédulité ou mysticisme ;

Amour ou haine ;

Vertu ou crime :

Il ne connaissait plus de milieu.

La marquise de Rialto, qui ne ressemblait nullement à Marcel pour le physique, n'en était pas moins belle cependant.

Des yeux bleus d'une admirable douceur, tristes et languissans, pleins d'une expression tout angélique, — des yeux comme les houris de Mahomet doivent en avoir, — de beaux cheveux blonds d'un blond doré comme des épis mûrs ; et, — singularité remarquable,

— des sourcils aussi noirs que ceux d'une
jeune Espagnole, — un nez mince et merveilleusement placé au milieu du visage ; — une
bouche toute petite, toute rose, fermée à peine,
et semblant demander à être ouverte de force
pour montrer des dents mignonnes, plus blanches que l'écume des flots ; — un menton rond
et à fossette, — une peau éblouissante d'éclat
et de fraîcheur : — voilà à peu près ce qui ca-
ractérisait la beauté de la marquise , — beauté
aussi impossible à peindre, d'ailleurs, que
l'enfer du Dante à traduire....

Ajoutez encore, une taille d'abeille, une
taille à être en large dans un bracelet ; une démarche fière, un port de reine.

Puis encore : une main, belle à rendre un
homme fou ; belle à faire grincer les dents
d'un prêtre ; — puis un pied... un pied comme
on en couvrirait deux avec deux doigts !

Oh ! pourquoi le corps n'est-il donc pas toujours calqué sur l'âme ? Pourquoi les vices du

fond peuvent-ils se cacher quelquefois derrière la beauté de la forme?

A quoi servirait de le taire? Les faits, au reste, ne le proclameront-ils pas assez haut plus tard? — Oui... sous cette enveloppe céleste, sous cette écorce blanche et rose, madame de Rialto cachait une âme gangrénée, une âme perdue.

Coquette au-delà de toute expression, au-delà de toutes bornes, elle était femme à chercher à inspirer une passion ardente pour écraser à plaisir avec son pied, dans la suite, le pauvre insensé qui, trop confiant, aurait osé un instant espérer.

Voluptueuse et passionnée, elle cédait souvent, il est vrai, mais plutôt aux indifférens qu'aux épris, mais moins par amour que par besoin. Aussi, en peu de jours, sa fantaisie était usée, et, comme les serpens, elle faisait peau neuve...

St-Sévrin, jusqu'ici, était le seul qu'elle eût gardé pour amant si long-temps, parce que son amour-propre et sa coquetterie de femme avaient été mis en jeu sans doute. Pourtant, depuis quelques jours, elle commençait aussi à s'en lasser.

Un cœur, profondément tendre et candide, n'avait pas de charme pour elle, et la trouvait toujours froide. Pour lui plaire, il fallait être roué, — criminel, peut-être... Il fallait avoir beaucoup de vices et point de vertu.

Puis, avec tout cela, elle avait un penchant prononcé, un goût profond et réfléchi pour la vengeance. La vengeance lui plaisait à elle, comme l'amour à une autre femme ; c'était son idole ; pour elle, se venger, c'était jouir, c'était vivre...

... Et pourtant, son regard était doux, sa voix douce ; et il était difficile de la voir sans l'aimer !

Le marquis de Rialto, son mari, sur lequel nous avons promis quelques mots, l'avait épousée à l'âge de vingt ans, âgé, lui, de vingt-six. Ç'avait été un mariage conclu par lettres, fait

pour réunir deux brillantes fortunes; un mariage à la mode enfin, arrangé entre parens, à
cent lieues de distance, pour des jeunes gens
qui devaient se voir la première fois le jour de
leurs noces.

Aussi, un mois après leur union, les deux
époux avaient deux lits. —

Philosophes tous deux, ayant parfaitement
compris l'absurdité de la chaîne qui les liait, ils
l'avaient brisée d'un commun accord; et, réso-
lus à suivre chacun leurs penchans, à ne se con-
traindre en rien, à prendre de la vie ce qu'ils
en aimaient, ils n'en demeurèrent pas moins
dans une paix parfaite; toujours gracieux,
toujours aimables, toujours galans même
l'un pour l'autre, cent fois plus que s'ils se
fussent aimés d'amour !

Ils ne se voyaient jamais qu'au moment du
dîner. Hors cette heure, chacun restait dans
son appartement, recevant qui bon lui semblait, sans que l'autre cherchât même à s'en
informer; et, —

Chaque matin ils envoyaient réciproquement prendre de leurs nouvelles, n'étant
pas assez indiscrets pour venir en savoir eux-
mêmes.

Oh ! c'était un ménage-modèle, je vous le
jure !

Quant à St-Sévrin, nous ajouterons à ce
que nous avons en dit déjà, qu'il avait vingt-
trois ans, un cœur excellent et quinze à vingt
mille livres de rente, qu'il était franc, généreux,
sincère, mais bouillant et emporté ; aimable mais
fou. Et nous ajouterons bien bas qu'il passait
pour un roué du bon genre...

Maintenant, revenons à Marcel que nous
avons laissé avec plusieurs autres visiteurs dans
le salon de la marquise, où l'on causa beaucoup
et long-temps.

X

A minuit, tout le monde s'étant retiré,
Marcel demeura seul avec la marquise.

Alors se renouvela pour lui cet embarras
qu'il avait éprouvé quelques mois auparavant,
en rendant sa visite de bal ; embarras bien fa-
cile à comprendre et à sentir pour quelqu'un
qui a réellement aimé.

Souvenez-vous, je vous prie, lecteurs, de ces heures délicieuses que vous avez passées seul à seul avec une femme au-dessus de laquelle vous ne placiez rien; — souvenez-vous des extases que vous éprouviez alors, et vous aurez une bien plus juste idée de l'état actuel de Marcel, que si j'essayais de vous le décrire.

Quant à la marquise, elle suivit encore cette fois la même tactique; elle demeura silencieuse quelques instants, pour donner à l'imagination du jeune homme le temps de s'exalter et de s'enflammer.

— Savez-vous, monsieur, dit-elle enfin, que c'est très-mal à vous d'être resté si long-temps sans vous laisser voir?

— Mon Dieu, madame! c'est vrai... je vous supplie de m'excuser.

— Volontiers, puisque vous convenez de vos torts. Mais veuillez à l'avenir ne plus vous mettre dans ce cas.

Le cœur de Marcel battait si fort qu'on eût pu l'entendre en écoutant.

— Et comment avez-vous passé votre temps depuis les siècles que nous ne vous avons vu ?

— Moi, madame?

— Oui... Ah! mais, pardon. C'est peut-être indiscret ce que je vous demande ; je n'ai pas de droits à vos confidences.

— Qui donc en aura, si vous n'en avez pas, vous? murmura-t-il.

— Comment ?

— Je dis que si j'avais assassiné ma mère, il n'est qu'une personne au monde qui le saurait.

— Qui donc ?

— Vous, madame.

— Je vous remercie.... Cet aveu-là est certainement très-flatteur pour moi ; mais, à mon tour, vous me permettrez de vous dire que vous êtes trop confiant. Vous ignorez si je suis

discrète, et vous savez, d'ailleurs, que généralement les femmes...

— Vous n'êtes pas une femme, vous, se
dit intérieurement Marcel.

—.... Ne sont pas renommées pour savoir
garder un secret.

— Vous avez beau railler, vous ne réus-
sirez jamais à me faire perdre ma foi en
vous.

— Très-bien.... complimens sur complimens.

— Je n'ai jamais su les faire.

— La preuve est au bout.

— C'est peu généreux ce que vous dites
là. Pourquoi voulez-vous changer en des mots
vides, en une misérable prétention à du bel
esprit, ce que mon cœur et ma conviction seuls
vous déclarent ?

— Ah ! je vous prie de croire que je plai-
sante ; veuillez ne pas prendre tout ceci à la
lettre, dit Élisa d'une voix grave.

— Merci.... madame.

— Mais pourquoi avez-vous détourné la conversation ? Je vous parlais d'autre chose tout à l'heure.

— De quoi me parliez-vous ?

— Je vous priais de me dire quelles avaient été vos occupations depuis que je ne vous ai vu.

— Ah ! pourquoi me demandez-vous cela ?

— Et vous, pourquoi refusez-vous de me répondre ?

— Parce que c'est impossible.

— Mais vraiment, vous allez me rendre curieuse, avec vos mystères.

— Oh ! tant pis !....

— Allons ! je suis très-aise de voir qu'on doit croire à vos protestations sur parole, et ne jamais les mettre à l'épreuve.

— Vous voulez donc que je parle ?

— Comme il vous plaira.

— Eh bien ! depuis que je ne vous ai vue, j'ai souffert, madame...

Ici, la physionomie de la marquise changea.

Elle devint tendre et triste, de rieuse et folle qu'elle était.

— Vous avez souffert ?

— Oui... et beaucoup.

— Oh ! contez-moi cela.

— Vous le saurez quelque jour, madame... Voulez-vous que nous causions d'autre chose ?

La jeune femme ne répondit pas. Tous deux restèrent dans le silence.

— Pourtant, dit la marquise, vous avez en vous un immense moyen de consolation.

— Et lequel ?

— La poésie.

Marcel devint rouge.

— Je sais, continua madame de Rialto, que vous avez beaucoup de talent, que vous faites admirablement les vers.

— Je ne chercherai pas à vous le cacher, puisque vous le savez, madame : c'est vrai ; j'aimais et je cultivais la poésie autrefois.

— Mon Dieu ! ne dirait-on pas que vous êtes vieux à vous entendre !

— Je vous ai dit que j'avais souffert beaucoup, madame ; — et la douleur consume et
brûle ; — et la poésie dans la douleur, c'est
de l'huile sur une flamme ardente.... Vous ne
savez pas cela, vous, vous que le ciel aime,
que le ciel bénit.

— Vraiment, vous m'inquiétez, monsieur
Marcel ; si vous avez réellement quelques peines, confiez-les-moi, elles vous pèseront moins
alors.

— Oh ! merci... merci, madame... J'ai bien
assez d'être flétri moi-même sans venir trou-
bler vos joies. Et puis, qui sait? Il est des douleurs qu'on trouve risibles ; — vous ririez des
miennes peut-être.

— Monsieur Marcel ! dit sévèrement la jeune
femme.

— Oh ! pardon ! pardon, madame ! Mais
je vous en supplie encore, causons d'autre
chose.

— Non... causons de vous, — répondit à
demi-voix la marquise, en posant doucement

sa belle main sur le bras du jeune homme ; causons de vous ; de vous qui souffrez, de vous qui avez besoin qu'on vous plaigne ; dites-moi ce que vous avez.

— Ce que j'ai, madame, ce que j'ai !...

— Oui, allons ! confiez-le-moi.

— Vous voulez le savoir ? — Eh bien ! j'ai une âme ardente qui me dévore comme du feu... J'ai des passions qui me minent sourdement, qui usent ma vie, qui me la boivent à larges flots, sans que je puisse en jouir, sans que je puisse au moins la sentir passer.... J'ai des illusions qui me crachent à la face et s'en vont ; — j'ai des croyances que je sens déjà vaciller en moi comme les pierres d'un vieil édifice qui croule ; — j'ai des dégoûts amers où je me heurte chaque jour et qui me font saigner le sang de mon cœur... et je n'ai pas vingt ans, madame.

— Pauvre jeune homme !... ayez patience ; cela finira peut-être bientôt.

— Oh non ! cela ne finira que lorsque je finirai... je le sais, moi.

— Et pourquoi ?

— Pourquoi? parce qu'il n'y a qu'une chose au monde capable de me guérir, et que je ne l'aurai jamais ; — parce qu'organisé comme je le suis, il me faudrait une organisation toute semblable à la mienne, une tête qui pensât comme la mienne, un cœur qui battît comme le mien ; — parce que je sens en moi un besoin dévorant, un besoin insatiable, un besoin immense de sympathie, d'une sympathie tendre, grande et dévouée ; — parce que quand on est seul, sans un bras appui du vôtre, sans une âme sœur de la vôtre, on devient impie ou méchant, — et que je ne serai jamais aimé, madame.

XI

— Oh ! je t'assure qu'il m'a prodigieusement, mais prodigieusement amusée. Dieu !
que j'aurais voulu te savoir dans mon bou-
doir à côté ! La chose n'en eût été que plus
risible.

— C'est mal, Elisa, c'est très-mal de te moquer ainsi de ce pauvre garçon. Ce n'est pas sa faute s'il t'aime, et ce n'est pas une raison non plus pour rire à ses dépens et le railler.

— Bah ! qu'est-ce que cela fait, monsieur le moraliste ?

— Cela fait beaucoup..... Qui me dit que tu ne ries pas aussi de moi avec un autre?

— Toi, tu n'es pas ridicule.

— On est donc ridicule lorsqu'on t'aime ? Tu te fais là un singulier compliment sans t'en douter.

— Je veux dire que ton amour n'est pas ridicule. Tu ne fais pas, toi, le dolent, le langoureux, le jérémique; tu ne parles pas en poussant des soupirs comme une femme en mal d'enfant; tu me dis : Je t'aime, et c'est fini.

— Il est vrai que je ne suis pas très-avancé en fait d'exaltation platonique. Ça n'est pas mon fort.

— Et moi, ça n'est pas mon faible...

Un baiser retentissant servit de péroraison concluante à cette double et laconique profession de foi.

On s'est déjà certainement aperçu que les deux interlocuteurs en scène ici ne sont autres que madame de Rialto et St-Sévrin, causant de Marcel.

— Mais au moins, ma bonne amie, aurais-tu dû rire, être gaie, légère, frivole, pour qu'il sût à quoi s'en tenir?

— Mon Dieu non, par exemple! car il ne serait probablement plus revenu chez moi, et j'en aurais été très-fâchée, vu qu'il est délicieusement divertissant.

— Et que lui as-tu donc dit?

— Peu de chose..... Mais j'ai pris un air très-triste, très-noir, très-douloureux, comme lui; je l'ai plaint pour l'encourager..... Et il y a été si bien trompé, qu'il est devenu de plus en plus expansif, et que pour peu qu'il fût resté encore, il m'aurait doté, j'en suis sûre, d'une déclaration dans les formes.

— Tu as eu tort et grand tort, je te le répète : tu ne devais l'écouter qu'en riant.

— Oh ! on voit bien que tu n'as pas été témoin de la scène, toi. Je voudrais que tu l'eusses vu se démenant comme un oiseau mouillé, fermant les yeux à-demi, souriant avec amertume, serrant ses poings, parlant d'une voix gutturale et sourde ; puis, s'animant peu à peu, et alors, lâchant des phrases immenses, des phrases à effet, des phrases sans commencement ni fin, des phrases ampoulées comme pour un roman ; je voudrais que tu l'eusses entendu s'écriant : « L'amour ! oh l'amour !... Une femme qui sente comme moi !... Un cœur qui batte comme le mien !... J'ai besoin d'une sympathie immense, insatiable !... J'ai besoin d'une femme à aimer !... » Oui, je voudrais que tu eusses assisté à cette étrangement comique comédie, pour savoir me dire si tu n'aurais pas envie de la revoir. —

Et la jeune femme éclatait de rire comme
une folle.

— Sais-tu bien que c'est un jeu cruel que
tu joues là? lui disait le jeune homme ; sais-tu
bien que tu agis comme un méchant enfant
qui, pour l'attirer mieux, tendrait du mil à
un oiseau qu'il voudrait plumer vif après ?....
Sais-tu que c'est mille fois plus cruel encore ?

— Tu es singulier! je ne lui fais aucun
mal, moi.

— Non ? Et quand il se croira aimé, —
car voilà où tu le pousses, n'est-ce pas ? —
quand il se croira aimé de toi, quand il te
pressera...

— Ah ! alors je lui ferai tout uniment interdire ma porte ; car franchement je n'ai de
penchant pour lui que comme un enfant pour
son jouet..... pas plus.

— Tu vois bien ! — Oh ! je t'en prie, Elisa,
je t'en prie... Ce jeune homme est bon, vois-
tu ; je l'aime, il est mon ami ; ne le rends pas

malheureux, ne le trompe pas, par amour
pour moi, sinon par pitié pour lui. Laisse
qu'il lise le fond de ta pensée.

— Ah! mon Dieu non, par exemple!

— Mais que veux-tu donc qu'il fasse après,
quand tu l'auras repoussé? S'il t'aime comme
un fou, que veux-tu qu'il devienne, dis?

— Je ne regarde pas si loin.

— Tu as tort, Elisa, tu as tort... Prends
garde; c'est une terrible chose que d'avoir à
se reprocher la mort d'un homme.

— Tu crois donc qu'il se tuerait? dit vivement Elisa, dont la coquetterie avait été
éveillée par ces dernières paroles.

— J'en suis sûr.

— Eh bien! il ne serait plus malheureux
alors; cela vaudrait peut-être mieux pour
lui.

— Mais, Elisa...

— Ah! mon Dieu! mon ami, je t'en supplie, ne me romps pas la tête davantage; en
voilà assez sur ce sujet; je sais parfaitement

comment je dois me conduire, va ! Je suis
assez grande il me semble pour me passer de
mentor !

— Elisa ! dit glacialement le jeune homme.

— Vois-tu, il y a long-temps déjà que tes
manières deviennent fort inconvenantes ; j'hé-
sitais à t'en parler ; mais tu prends à tâche de
me pousser à bout... Je n'aime pas du tout ces
airs d'autorité que tu affectes avec moi ; ils
ne me conviennent nullement, je t'en avertis.

— C'est bien, madame, dit le jeune homme
avec un accent railleur ; je comprends ce
que vous voulez dire et où vous voulez en
venir.

— Tant mieux, monsieur ; cela nous évitera
des phrases.

La conversation dura quelques instans encore, devenant de plus en plus mordante et
fâchée ; si bien qu'à la manière dont St-Sévrin
partit, il fut aisé de prévoir qu'il ne revien-
drait plus.

XII

Irritée d'avoir trouvé quelqu'un assez hardi
pour oser s'opposer chaleureusement à un de
ses capricieux désirs, — qui ne coûtait certes
pas beaucoup à satisfaire, puisqu'on n'y ris-
quait qu'une tête d'homme ; — la marquise de
Rialto, comme on l'a vu, avait très-sèche-

ment parlé à l'audacieux opposant qu'elle avait laissé partir de chez elle , pleine de colère.

Quelle était la vraie cause de son dépit ? Etait-ce réellement la résistance du jeune homme à sa volonté ? — Permis à qui voudra de le croire.

Pour nous, qui nous souvenons fort bien du caractère de la douce dame , qui savons qu'une robe de bal et un amant pour elle, c'était même chose ; — qui nous étonnions tout à l'heure qu'elle eût conservé St-Sévrin si long-temps; nous pensons fermement , nous avons la conviction intime que, ne voulant qu'un prétexte, elle avait saisi le premier qui s'était offert.

Nous ne donnons pas ceci pour chose sûre , vu que nous n'en avons pas de preuves à toucher au doigt; c'est simplement une opinion à nous , que nous ne prétendons imposer à personne.

Le fait est que notre belle dame , depuis la scène que nous venons de décrire , tenait encore plus à se passer sa fantaisie qu'auparavant.

— Eh! disait-elle, que m'importe que M. de St-Sévrin s'irrite! M. de St-Sévrin n'est ni enfant, ni roi, ni dieu, pour qu'on se plie à ses caprices; et quand il le serait, moi je suis femme, et il doit savoir le proverbe. — D'ailleurs, trop souvent M. de St-Sévrin s'oublie avec moi, et précisément parce que ma conduite avec le jeune Marcel ne lui plaît pas, elle doit me plaire. — Et puis, si Marcel est fou, en suis-je cause? s'il veut souffrir, puis-je l'en empêcher? s'il trouve du soulagement à m'aimer, dois-je le lui défendre?...

Oh! comme une femme froissée dans sa coquetterie sait habilement, éloquemment colorer ses actes!

— D'ailleurs, M. de St-Sévrin, dit-elle encore, prend depuis quelque temps avec moi un ton qui me lasse; et l'aimable général Ovigi me faisait remarquer avec raison, l'autre jour, que tout en lui sent le despote... Il est vrai que tous les hommes se ressemblent; ils font les autres noirs pour se blanchir...

Mais à tout prendre le général vaut infiniment mieux que St-Sévrin.

— Oui, je m'amuserai de Marcel, je jouerai avec son amour de jeune homme ; et quand j'en serai lasse, alors... nous verrons.

Cependant une idée imprévue, subite, vint traverser ce projet tout d'un coup. Madame de Rialto porta sa main à son front, comme pour chercher une réponse à l'objection qui venait de lui être faite par sa pensée, et resta plusieurs minutes, appuyant sur deux de ses jolis doigts sa jolie tête.

—Ah ! il ne fera pas cela ! s'écria-t-elle inopinément et avec colère ; il sait bien que je m'en vengerais !

L'idée qui lui était venue avait été que St-Sévrin préviendrait peut-être Marcel. — Il ne fera pas cela ! répéta-t-elle plus fort encore... Mais s'il le faisait pourtant ! — Si j'allais avoir le démenti !... Bah ! Marcel ne le croira pas ; Marcel m'aime, il m'aime certainement et comme un fou, ainsi.... il me croira plutôt,

moi. — L'amour et l'amitié ne peuvent pas être mis en balance , car l'un est tout, l'autre rien. D'ailleurs, St-Sévrin, quelle preuve aurait-il ?
— Quelle preuve ? — Il n'aura pour lui que ses paroles, et moi j'aurai mes yeux et mon sourire...

C'était pendant la nuit , mollement couchée dans un lit aussi moelleux qu'un divan turc; c'était soulevée à demi et adossée contre son oreiller , la gorge et les épaules presque toutes nues , que la marquise , — blanche comme une statue de marbre grec , se parlait ainsi à elle-même.

Oh! si Marcel se fût douté qu'elle pensait à lui , il en eût blasphémé de joie , pauvre Marcel !

Car en ce moment il pensait à elle aussi ; il occupait son cerveau d'elle, et rien que d'elle; il emplissait , il comblait son imagination avec l'image de cet ange au cœur moisi, — et quand son exaltation était arrivée à son comble, quand sa pensée ne pouvait monter plus haut,

qu'elle avait atteint pour son idole le dernier
degré de perfection qu'on puisse rêver, — il
s'écriait avec délire, avec essouflement, avec
rage: oh! que je l'aime !

A peu près au même moment tous deux
s'endormirent, elle, coquette, colère, piquée
au jeu, décidée à tout employer pour nourrir
l'espoir et doubler l'amour de Marcel qui, de
son côté, en fermant les yeux, appelait une
bénédiction sur elle, priait Dieu pour elle et
ne demandait pour lui au ciel qu'un rêve, —
quelque douloureux fût-il, — où il la vît.

Laissons-les dormir tous deux, laissons-les,
hélas ! ils seront éveillés assez tôt, l'un par le
malheur, l'autre par le crime.

Le lendemain Marcel, aveuglé par la bonté
que lui avait témoignée la marquise, croyant à
la sincérité de sa bienveillance pour lui, espé-
rant plus peut-être, était venu de nouveau ou-
vrir les plaies de son cœur à la jeune femme,
les lui faire sonder à elle qui ne demandait qu'à
les élargir ; — il était venu comme un pauvre

oiseau attiré par l'œil fixe du serpent... et la conversation, grâce à la marquise, ayant pris le même tour que la dernière fois, on causait encore de souffrances morales.

— Oui, vous avez raison, disait Elisa, l'amour vrai se rencontre rarement, mais enfin quelquefois on le rencontre.

— Quand on ne le cherche pas, madame... l'amour est comme la fortune, comme la gloire, qui abondent chez ceux qui n'en veulent plus. Un homme riche est toujours accablé d'héritages, pendant que l'indigent reste in-digent. — L'homme qui rit de la gloire, qui travaille non pas pour elle, mais pour son plaisir, pour son délassement à lui, cet homme sera tout à coup inondé par une célébrité qu'il n'ambitionnait pas, tandis qu'un Milton qui comprend la gloire, qui l'aime, sera baffoué parce qu'il la veut.... — Les femmes sont ainsi, madame, elles ne donnent pas leur amour à qui les aime, mais à qui ne veut pas d'elles au contraire. Il suffit d'avoir besoin d'amour pour n'en pas trouver.

— Mais c'est désespérant ce que vous dites là ; heureusement que les exceptions ne sont pas rares.

— Je n'ai jamais compris ce que c'était qu'une exception, madame ; c'est un mot qui ne me représente aucune idée.—Une chose ne peut point être d'un côté et n'être pas de l'autre, — une chose est ou n'est pas ; — un bâton n'a que deux bouts ; — *oui* ou *non*, voilà l'explication ou la réfutation de tout ce qui existe. Il ne peut y avoir aucune chose qui tienne à la fois du *oui* et du *non*, parce qu'alors ce serait une chose fausse, et une chose fausse ne peut pas être... *oui* c'est le ciel, *non* c'est la terre ; — entre le ciel et la terre il n'y a que le vide...

—Mon Dieu ! quelle métaphysique !... Mais comment expliquerez-vous donc les cas exceptionnels que les autres hommes admettent ?

—Je défie qu'on me trouve une seule excep-

tion au monde, comme je défie qu'on puisse
me montrer Dieu n'existant que pour une
partie des hommes... Mais tout ceci est trop
sérieux, madame ; rentrons dans la question,
si vous voulez bien. Je disais donc que l'amour
n'est rencontré que par ceux qui ne le cher-
chent pas. Pourriez-vous me prouver le contraire?

— Certainement. On a vu quelquefois un
homme être aimé d'une femme dont il s'était
vu dédaigné avant.

— C'est vrai, madame ; mais pourquoi avait-
il aimé cette femme? parce que cette femme
le dédaignait.... Vous voyez bien que vous
rentrez dans mon idée...

— Savez-vous qu'un système semblable est
effrayant tant il peut mener loin !

— C'est vrai encore, madame ; car on en
vient jusqu'à ceci : l'amour est un vide placé
entre le ciel et la terre ; — la terre et le ciel
sont dans lui, et lui n'est rien ; — qu'est-ce
donc que le ciel et la terre ?...

La marquise n'était nullement satisfaite de toute cette philosophie, aussi changea-t-elle brusquement la conversation.

— Mais cependant, dit-elle, si une femme que vous aimeriez ardemment, vous avouait qu'elle vous aime ardemment aussi, elle !

— Je ne la croirais pas, madame.

— Si elle vous le jurait !

— Je penserais qu'elle est folle.

— Si elle vous le prouvait....

—Je ne l'aimerais plus—parce qu'on n'aime que ce qu'on estime.

La marquise fronça légèrement ses noirs sourcils.

— Alors à quoi bon toutes ces chimères dont vous vous emplissez la tête ? Pourquoi vous tourmenter de ne pas trouver d'amour ? Pourquoi désirer l'impossible ?

— Ah ! voilà justement ce qui m'accable ; c'est ce mot *impossible*, qui, à chaque cri de besoin que pousse mon âme, se jette au-devant de moi comme une pierre d'achopement où je me brise sans mourir...

— Eh bien! il faut se raisonner une fois pour toutes.

— C'est bientôt dit.

— Mais enfin, il n'y a rien autre à faire, d'après vos principes.

— Oh! tenez, madame, pardon! je suis fou, je délire, je ne sais seulement pas quelles sont les paroles que je prononce. Ne croyez rien de tout ce que je vous ai dit là : ce sont des mots, des mots creux comme la science, — creux comme la vie... Si, si, je crois à l'amour, oui, j'y crois, j'y crois comme à Dieu, j'y crois comme à l'enfer.... j'y crois tant que cela me tue; et quand je le blasphème, c'est que j'y crois trop....

— Ciel! quelle tête ardente vous avez!

— Oh oui! bien ardente, et obligée de se dévorer elle-même, dit Marcel d'une voix profonde.

— Laissez-y germer l'espoir, lui répondit-elle.

— L'espoir!... répéta Marcel en ouvrant des yeux fixes et terribles. N'avez-vous pas parlé d'espoir, madame? Oh! redites-moi ce mot-là!...

— Eh bien, oui! pourquoi n'espéreriez-vous pas, puisque vous croyez?

— Qui vous a dit que je croie? Ah! c'est vrai.... Voyez.... je ne sais si je crois ou non; mais ce que je sais, c'est que je suis profondément malheureux.

— N'y a-t-il donc pas une femme au monde qui puisse vous consoler?

— Oh! si.... mais elle ne voudrait pas.

— Qui vous l'a dit?

— Personne. — Croyez-vous qu'elle voulût, vous?

— Pourquoi pas?

— Oh!... oh! ne raillez pas.

— Il suffit pour cela d'avoir un peu de pitié dans le cœur.

— En auriez-vous pour moi, vous, si je vous en priais?

— Ah! c'est autre chose.

— Comment cela? dit Marcel.

— Moi, il ne m'est plus permis d'aimer; moi j'ai un époux à qui je me dois tout entière, à cause de lui et à cause de Dieu. —

En disant cela, la marquise levait furtivement ses yeux sur Marcel, et lisait avec une joie indicible sur sa jeune physionomie les traces du plus profond désespoir. Elle le regarda pâlir, laisser tomber sa tête comme un mort, fermer les yeux, trembler, et après un demi-sourire radieux et imperceptible, elle lui dit :

— A quoi pensez-vous?

— A vous, madame.

— Ah!

— Oui, à vous; il faut que vous sachiez tout maintenant.

En disant cela, il se leva droit.

— Je vous dis que je pense à vous, madame ;

je vous dis que depuis que je vous connais je n'ai pensé qu'à vous, je n'ai vu que vous, je n'ai rêvé que de vous.—Écoutez :—je suis un malheureux, vous le savez, je suis un malheureux; vous venez de décider vous-même que je suis damné. — Laissez-moi achever. Que voulez-vous que je vous dise de plus? — Vous savez tout, n'est-ce pas, maintenant? vous savez tout? N'importe, je veux vous le dire, je veux avoir au moins cette joie : je vous aime!

La marquise, qui jusque-là avait gardé un air étonné, feignant de ne pas comprendre, devint triste et tendit la main à Marcel.

— Non, je ne veux pas de cette main, madame, je n'en veux pas... car si je la touchais, je voudrais tout, peut-être.... car je suis fou.

Il tomba à genoux, plié en deux.

— Je vous en prie, monsieur Marcel, dit la marquise d'une voix affectée, je vous en prie, levez-vous! ayez pitié de moi!

— Pitié de vous, dit Marcel en soulevant sa

tête à demi ; c'est pour me railler que vous dites cela, n'est-ce pas ?

Comme la jeune femme jouait parfaitement son rôle et demeurait sans mouvement, la tête renversée sur son fauteuil, il se leva en sursaut.

— Qu'avez-vous, madame ? dit-il. Oh ! qu'avez-vous ?

— Rien, rien.... Mais finissez ; cela me fait trop de mal.

— Ah ! que vous êtes un ange ! un ange du ciel ! un ange de Dieu ! que vous êtes bonne de ne pas m'écraser avec le pied, de ne pas me fouler avec dégoût. Que vous êtes bonne !...

Il la regarda avec ivresse, puis il reprit avec un soupir douloureux :

— Ah ! si vous m'aimiez !...

— Monsieur, dit alors plus sévèrement la marquise, vous savez qu'on n'aime que ce qu'on estime, et je n'ai pas envie d'être méprisée par vous....

— Pardonnez-moi, pardonnez-moi, disait Marcel; et il baisait la terre avec fureur. — Je ne vous demande qu'une grâce, c'est de me plaindre.

— Je le dois, dit-elle.

— C'est de ne pas me défendre votre présence.

— Je le devrais....

Marcel frappa son front sur l'angle de la cheminée, comme s'il eût voulu l'y briser.

En rentrant chez lui il trouva une carte de visite de St-Sévrin, derrière laquelle étaient écrites au crayon ces deux lignes :

« Trouve-toi demain à deux heures chez toi; j'ai à te parler. »

XIII

Lᴀ marquise ne s'était pas trompée.

Profondément affligé de ce qui pouvait arriver à son ami, dont la tête volcanique lui était connue, irrité de la cruelle coquetterie de madame de Rialto, St-Sévrin avait résolu d'éclairer Marcel, et de chercher par tous

les moyens possibles à le dégoûter d'une passion qui pouvait le perdre.

St-Sévrin aimait sincèrement Marcel. Tous
deux ils s'étaient connus enfans encore, et
malgré quatre années de différence entre leurs
âges, ils avaient toujours été intimes. Quand
St-Sévrin était parti pour Paris, ils étaient
restés un an sans se voir, jusqu'au moment où
Marcel y vint aussi, comme vous savez. Vous
avez vu comment ils se rencontrèrent, comment ils renouèrent amitié en vidant un bol
de punch : tout cela est inutile à répéter.

Depuis le jour du bal de la marquise, quoique toujours très-attachés l'un à l'autre, ils
s'étaient vus rarement cependant, parce que
les jeunes gens se voient rarement à Paris.

Les jours y courent si vite.

A onze heures un jeune homme se lève, et
avant qu'il ait achevé sa toilette, midi arrive;
il faut déjeuner.

D'une heure à trois, son temps se passe en
courses de côté ou d'autre pour affaires par-

ticulières ; puis quelque occupation légère, —
soit une lettre à écrire, soit un roman nouveau
à dévorer, soit.... que sais-je, moi! — le rap-
pellent une heure ou deux chez lui, et alors
monsieur n'y est pour personne.

Puis, en attendant six heures, il fume quelques cigares pour se mettre en appétit; à
six heures, il dîne; ensuite vient la toilette du
soir, et la nuit qu'il tue au milieu du monde.

Tout cela se fait sans qu'il ait le temps même
de respirer.

Aussi c'est bien la vie à la fois la plus rem-
plie et la plus vide que celle d'un élégant de
Paris.

Il ne perd réellement pas un instant, et
pourtant il ne fait rien. Il regrette toujours
que le temps passe si rapide, et si on lui demandait pourquoi, il serait sûrement fort embarrassé de répondre. Tout ce qu'il sait, c'est
que les jours de la capitale sont des heures de
province.

Marcel et St-Sévrin s'étaient donc revus

une ou deux fois, je crois, depuis le bal, et
St-Sévrin étant allé passer quelque temps à la
terre de madame de Rialto, ils n'avaient plus
eu de nouvelles l'un de l'autre. Marcel était
passé plusieurs fois chez son ami; mais ayant
appris qu'il n'était pas à Paris, il n'y retournait plus. Aussi sa surprise fut grande quand
il trouva chez lui la carte de visite dont je
vous ai parlé.

Comme on le pense bien, le lendemain, au
moment fixé, les deux jeunes gens étaient ensemble.

— Des cigares! dit St-Sévrin qui se défiait
de son caractère facétieux; des cigares avant
tout!

Lorsque la fumée, sortant de deux bouches à
la fois, fut épaisse assez pour qu'un homme ne
parût qu'une ombre au travers, le silence cessa.

Il serait inutile de répéter ici tout au long
la conversation qui eut lieu; il suffit de savoir
qu'après beaucoup de lieux communs sur
leur santé, sur le temps depuis lequel ils ne

s'étaient serré la main, St-Sévrin entra en matière, parla généralement des femmes d'abord, puis, venant à la marquise, demanda à Marcel depuis quand il ne l'avait vue.

—Hier, dit Marcel.

—Hier! répéta St-Sévrin en faisant un bond sur sa chaise.

—Oui, répondit Marcel, qui ne comprit rien à ce mouvement.

—Et comment va-t-elle? dit plus froidement St-Sévrin.

—Très-bien.

—Est-elle toujours belle?

—Oh! plus que jamais!... toujours plus blanche, plus gracieuse, plus svelte! toujours plus ange!

—Vraiment tu en parles comme un amoureux transi.

—Ah! c'est que....

St-Sévrin l'interrompit.

—Prends garde de ne pas être assez fou pour aller l'aimer sérieusement au moins!

— Pourquoi donc?

— Ah! mon cher, tu serais un homme en-
foncé....

— Tu crois?

— Je te le certifie d'avance.

St-Sévrin, ne sachant trop comment aborder
la question, sonda d'abord le terrain.

— Ce que j'en dis, continua-t-il, c'est dans
ton intérêt. Je dois te prévenir, moi qui connais le monde mieux que toi, — que les femmes
sont coquettes de leur nature, et par conséquent avides de paroles flatteuses et de galan-
teries, fières d'inspirer un amour chaud, —
mais peu disposées à le satisfaire.

Marcel était tout oreilles.

— Les femmes, poursuivit St-Sévrin, sont
absolument, mon cher, comme les abeilles :
elles aiment le miel composé de mille sucs
divers.... aussi ont-elles des ailes pour butiner
à leur aise. De plus, comme les abeilles encore, elles ont un dard....

— Pas toutes, dit Marcel.

Il oubliait qu'il ne croyait pas aux exceptions.

— O mon Dieu! presque toutes, répondit St-Sévrin. D'ailleurs, il vaut mieux s'abstenir que de risquer. — Les femmes, vois-tu, ne s'occupent sérieusement que de leur toilette et de leurs plaisirs. L'amour vrai pour elles est une organisation animale extraordinaire, qu'elles regardent par curiosité, qu'elles agacent même de loin, — mais qu'elles trouvent trop farouche, — qui de près leur fait peur. — Somme toute, entre nous soit dit, les femmes ne valent pas la peine d'être courtisées.

— Celles que tu as vues, peut-être; mais j'en connais d'autres, moi.

— Par exemple?...

— ..... La marquise de Rialto, dit Marcel en rougissant jusqu'au blanc des yeux.

St-Sévrin fit semblant de rire, et dit :

— Allons, décidément je vois que tu en es amoureux.

— Eh bien! oui, répondit Marcel; c'est vrai, je te l'avoue, je l'aime. Je l'aime plus que toi, plus que moi, plus que tout au monde; car elle n'est pas comme ces femmes dont tu parles, elle, va!

— En es-tu bien sûr?

— Oh!...

— Prends garde, je la connais aussi, moi, la marquise.

— Pas comme moi.... Si tu savais combien elle est sublime! combien elle est céleste! Imagine-toi qu'hier je me suis jeté à ses pieds, et que je lui ai dit que je l'aimais....

— Je m'en doutais, dit à part lui St-Sévrin; puis tout haut :

— Et que t'a-t-elle répondu?

— Oh! elle a été un ange pour moi! elle m'a plaint sincèrement avec sa voix douce et belle; elle m'a souri amèrement avec ses grands yeux qui ont pleuré....

— Est-ce que tu crois aux larmes des femmes, toi? Sais-tu bien, ajouta St-Sévrin qui ne se possédait plus, sais-tu bien que madame de Rialto ne t'aimera jamais?

— C'est ce qu'elle m'a avoué, tant elle est franche et pure. — Son époux et Dieu l'en empêchent, m'a-t-elle dit.

— Par la barbe de Mahomet! peux-tu être aussi crédule que cela, Marcel! Mais vraiment tu te laisserais persuader, je crois, que les baleines peuvent nager en plein air. —

— Que veux-tu dire?

— Je veux dire que tu es un enfant; — je le sais, moi, pourquoi madame de Rialto ne t'aimera jamais.

— Dis, dis.

— Tu me promets le secret?

— Oui; mais dis vite.

— Eh bien! c'est parce qu'elle a déjà un amant.

— Ça n'est pas vrai!

— Marcel!

— Je te dis que ça n'est pas vrai!

St-Sévrin se contint.

— Allons, mon ami, reprit-il, calme-toi ;
ne te laisse pas aveugler ainsi par la passion.
Si tu ne me crois pas, informe-toi à d'autres,
et tu verras qu'on te répétera ce que je t'ai
dit.

— Tous ceux qui répéteront ce que tu as
dit, mentiront.

St-Sévrin continua comme s'il n'eût pas
entendu :

— Que trouverais-tu d'extraordinaire à ce
qu'elle eût un amant ? Toi, tu sacrifierais tout
à madame de Rialto, n'est-ce pas ? sang, talens, honneur, tout ?

— Ah ! avec ivresse.

— Et pourquoi ne voudrais-tu pas qu'elle
eût pour un autre un amour aussi grand que
le tien pour elle ; un amour qui lui fît tout
fouler aux pieds ?

Marcel réfléchit un instant, puis s'étant
levé et se promenant à grands pas, il s'écria
avec angoisse :

— Je te dis que madame de Rialto n'a pas d'amant.

St-Sévrin vit bien qu'il était impossible de pousser la chose plus loin une première fois; aussi, réservant ses raisons les meilleures, ses preuves,— pour une autre entrevue, — il serra cordialement la main de Marcel, et le laissa seul.

XIV

 Ma foi, lecteur, je vous avoue que je ne
serais nullement fâché de faire ici une petite
halte. Voici déjà la moitié de ma route de
faite, je puis donc bien, sans inconvénient,
me reposer un peu. Croyez-moi, nous nous
en trouverons mieux l'un et l'autre.

Vous, — parce que si mon livre vous a ennuyé jusqu'ici, vous pourrez au moins prendre haleine et courage pour aller plus loin ; moi, — parce que je suis un peu essouflé, et que; si vous me forciez de marcher encore, je risquerais fort de faire quelque faux pas et de rester par le chemin.

Et puis, au bout du compte, je suis maître d'agir comme bon me semble ; personne n'a rien à contrôler dans ma conduite, je suis libre et je veux me reposer. Si cela ne vous convient pas, lecteur, allez-vous-en au diable! je finirai mon histoire pour moi seul. Je dois vous prévenir pourtant que vous pourriez vous en mordre les doigts, car, sur mon âme, je vous promets que cela va devenir très-beau. Je me propose de porter le sublime, non pas jusqu'au ridicule, — mais jusqu'à ce que nous n'ayons plus qu'un pas à faire pour y arriver. Je vous prie de me dire si pour voler si haut il ne faut pas reposer un peu ses ailes ?

Cependant, comme je tiens à ne pas me

brouiller entièrement avec vous, bon lecteur, je veux bien transiger, céder la moitié de mes prétentions et consentir à ne pas me taire tout-à-fait. Convaincu que vous souffririez de mon silence plus que moi, que vous perdriez beaucoup à ne pas m'entendre, parce que je ne dis que de magnifiques choses, je veux bien, par pure bonne volonté, par pure amitié, par pur intérêt pour vous, vous entretenir pendant mon heure de repos, certain que je suis que vous m'en aurez une infinie, une éternelle reconnaissance.

Voyons, de quoi voulez-vous que je vous parle ?

Voulez-vous que je vous parle poésie ?

Ma foi non, car j'y perdrais mon éloquence.

Quand je vous aurais accablé de raisons merveilleuses pour vous prouver qu'il faut être dégradé comme vous l'êtes, pour ne pas être sensible aux charmes de beaux vers et leur préférer des romans ; quand j'aurais usé mes poumons à vous dire que ce goût-là ne durera pas long-temps chez vous, parce que ce qui est beau et vrai triomphe toujours ; quand je vous aurais convaincu que vous êtes dans un moment de nuit ou d'éclipse après lequel le soleil reparaîtra ; — je m'apercevrais peut-être que vous êtes endormi ou que vous bâillez, et, colère comme je le suis, je vous chercherais querelle ; ce qui n'arrangerait ni vous, ni moi, ni mon livre. Il vaut donc mieux parler d'autre chose.

De morale, par exemple !

Ah bah ! je vous vois déjà faisant la grimace, et me disant que la meilleure morale consiste dans cette maxime : « Ne faites pas aux autres ce que vous ne voudriez pas qui vous fût fait. » — Voulant me dire par-là que, puisque je ne serais pas bien aise d'être assommé par le jargon d'un philosophe, je devrais me dispenser d'assommer les autres.

Puis encore vous me diriez peut-être que

la morale est une chose trop ancienne, et qu'il vous faut du nouveau...

Causons donc de religion.

Non pourtant, parce que n'ayant pas la patience de Saint-Jean, je suis fort peu jaloux de prêcher dans le désert ; — et parce que je n'ai pas l'habitude , en outre , de me laisser rire au nez; ce que vous feriez infailliblement, cher lecteur.

En ce cas, voulez-vous que nous discutions sur l'amour ?

L'amour est une chose fort utile,—allez-vous me dire ; mais c'est trop lieu commun, c'est trop connu... L'amour est une mauvaise farce dont on ne rit plus même, tant c'est vieux! C'est une platitude , une absurdité , une bêtise que l'amour! Qui croit à l'amour aujourd'hui? Personne.

Je prévois toutes ces objections et je m'abstiens.

Je serais tenté de vous parler de l'amitié, cela vous séduirait peut-être davantage; mais

je dois, sans honte, vous avouer mon igno-
rance sur ce point, vu que c'est la seule chose
au monde que je ne connaisse pas encore.
Comme il ne serait pas impossible cependant
que j'étudiasse cette partie-là à fond plus tard,
— veuillez permettre que j'ajourne la discussion.

Vive Dieu! si cela continue, nous ne cau-
serons pas beaucoup, il me paraît.

Tenez, pour tout arranger, causons politique.

Peste! mais je crois que vous vous échauf-
fez, lecteur; je crois que vos yeux s'enflam-
ment, que votre face devient pourpre, que
votre langue grommèle quelques juremens tout
bas. — Or çà, calmez-vous, je vous en prie.
Vous êtes sûrement ou carliste, ou juste-mi-
lieu, ou républicain, n'est-ce pas? Et moi
aussi... Si j'étais sûr que votre opinion fût la
mienne, je vous ouvrirais ma conscience:
vous diriez que je suis un honnête jeune
homme; j'en dirais autant de vous, et je serais

convaincu que vous trouveriez la suite de mon livre excellente.

Mais si malheureusement nous nous trouvions divisés d'opinion, je serais perdu. Vous jureriez entre vos dents, disant que je suis un mauvais sujet, sans foi ni loi, à principes dangereux, et vous me liriez dorénavant avec prévention, si toutefois vous ne me brûliez pas par avance.

En ce cas, restons-en là.

Je pourrais à la rigueur vous parler de mon livre si je le voulais. — Je pourrais tout aussi bien qu'un autre vous prier d'être indulgent pour un jeune homme qui a dix-neuf ans à peine, — vu qu'on n'est pas à dix-neuf ans ce qu'on doit être à trente ; — mais comme je suis décidé à ne jamais prier personne, pas même les femmes ; — comme je ne crains pas la critique, de quelque part qu'elle me vienne, je me dispenserai encore d'entamer ce sujet, et je continuerai mon histoire.

———

XV

C'est une chose déplorable, c'est un malheur sans doute qu'un duel ; mais je ne suis pas de ceux pourtant qui voudraient le faire disparaître radicalement de nos mœurs, parce que je le crois utile et nécessaire quelquefois.

Si j'avais un avis à donner sur cette matière,

j'engagerais l'autorité à protéger ouvertement le duel. Je voudrais qu'une commission fût nommée exprès pour permettre ou refuser à deux hommes d'en venir aux mains, selon que les motifs de combat paraîtraient plausibles ou non. — Je voudrais, en outre, que non-seulement l'opinion publique, mais l'autorité elle-même eût des marques flétrissantes pour ceux qui, par lâcheté, chercheraient à se soustraire à une décision qui leur aurait permis et ordonné le combat. — Je voudrais enfin que le duel, — une fois permis à deux hommes, — eût lieu de telle sorte que l'un des deux n'en revînt pas.... Ce serait le seul moyen, à mon avis, d'extirper de la société ce courage bâtard d'un grand nombre de jeunes gens de nos jours, qui, comptant sur leurs forces au pistolet ou à l'épée, s'en vont insulter de sang-froid un homme paisible, parce qu'il ne connaîtra, lui, aucune arme.

Alors, le duel, devenant non pas un coup sûr, mais une loterie, devenant une chose de fatalité et non pas d'adresse , on ne verrait plus que des querelles légitimes , des combats d'honneur ; et les fanfarons de jour en jour se feraient plus rares.

Le duel est une chose aussi impossible à éviter que la guerre. Le duel, c'est la guerre, du petit au grand. — La société ne pouvant pas empêcher un peuple d'en attaquer un autre , ni un homme d'en insulter un autre , n'a aucun droit d'interdire, soit au peuple, soit à l'homme, de se défendre et de se venger.

Seulement , du moment où cela deviendrait sérieux et grave ; du moment où l'on saurait qu'en se battant , il y a cinquante contre cinquante à parier qu'on mourra ; de ce moment, les insultes , soyez-en sûr , deviendraient moins fréquentes, l'honneur serait mieux compris , et moins de sang peut-être coulerait.

Plusieurs jours avaient passé.

Un matin , St-Sévrin se disposait à se rendre de nouveau chez Marcel pour tâcher d'achever son entreprise , il pensait , tout en fumant, à la manière dont il s'y prendrait cette fois, à ce qu'il pourrait lui dire de plus convaincant, sans heurter pourtant sa passion, quand on sonna très-fort à sa porte.

— Entrez, dit-il.

La porte s'ouvrit, c'était Marcel.

— Ah ! j'allais aller chez toi.

Marcel ne répondit rien, prit un siége, et s'assit vis-à-vis St-Sévrin, qui lui tendit la main amicalement.

— Ce n'est pas le moment, monsieur, dit froidement Marcel ; il s'agit d'autre chose.

St-Sévrin surpris, jeta vivement le bout de cigare qu'il avait à la bouche, cracha, passa ses doigts dans ses cheveux, et parut attendre l'explication de cette conduite.

— Je vous prierais de me faire un plaisir, monsieur, dit Marcel.

— Volontiers, mon cher ami, mais au moins pourrais-tu me dire....

— ... Veuillez, je vous prie, garder ce titre

d'ami pour quelque autre, il ne me convient pas, à moi.

— C'est bien, monsieur, dit à son tour St-Sévrin d'un ton fâché ; mais je vous demande-rais l'explication de...

— ... C'est inutile ; cela ne ferait rien à l'af-faire ; veuillez m'écouter.

Marcel sortit de son gilet une petite boîte qu'il ouvrit.

— C'est du poison, dit-il froidement.

St-Sévrin avait l'air de tomber des nues.

— Le plaisir que je vous prie de me faire, monsieur, continua Marcel, c'est de vouloir bien tirer au sort avec moi pour savoir qui de nous deux va prendre ceci.

Comme St-Sévrin restait ébahi, il ajouta :

— Faisons vite.

— Voyons, dit-il encore, faisons vite ! Le temps presse, monsieur. Ne me comprenez-vous donc pas? Cela est pourtant assez clair, il me semble. Il faut que l'un de nous deux meure, comprenez-vous?

— Ah ça, mais Marcel, dit St-Sévrin en s'efforçant de sourire, es-tu fou ?

— Je vous dis, monsieur, que le temps presse.

— Moi, je te dis que tu radotes, et que je vais t'emmener promener en tilbury avec moi pour te distraire.

— Je ne vous croyais pas si lâche !

A ce mot de lâche, le rouge monta à la figure de St-Sévrin; il leva la main, puis s'arrêta.

— Frappez donc, dit Marcel avec joie.

— Tu me fais pitié, mon pauvre ami; je vois clair dans ta conduite à présent. Je vois d'où le coup part ; je distingue la main qui te fait agir.

Marcel frappa du pied et dit :

— Voyons! voyons! en finirons-nous bientôt?

— Oui, mais auparavant laisse-moi te parler.

— J'écoute, dites vite.

— C'est à cause de madame de Rialto que tu veux me tuer, n'est-ce pas ?

— Que vous importe ?

— Réponds-moi.

— Eh bien ! oui.

— C'est à une créature de rien que tu veux sacrifier un ami intime ?

— Taisez-vous ! il faut que vous soyez bien vil pour insulter une femme si vertueuse !

— Tu crois? dit St-Sévrin avec un sourire : laisse-moi finir.

— Non, non. Vous m'en avez assez dit il y a quelques jours ; vous m'avez menti assez ; il faut que vous expiiez vos calomnies. — Dépêchons.

— Tout à l'heure… J'ai à te parler encore. Je t'ai dit que madame de Rialto avait un amant, n'est-ce pas ? Que dirais-tu si je te le prouvais?

— Je dirais que vous mentez.

— Et si je te faisais voir clair comme le jour que cet amant, c'est moi ?

— Je dirais que vous mentez.

— Et si je te prouvais que je n'ai pas été le seul?

— Je dirais que vous êtes un infâme!

— Pauvre enfant, dit St-Sévrin, comme on a su t'entourer!

— Voyons! je ne suis pas ici pour une discussion, j'y suis pour une vengeance. Êtes-vous prêt?

— Non; je ne veux pas commettre ou te laisser commettre un crime. J'attendrai que tu sois plus calme pour achever de parler.

— Et moi, je ne serai plus calme que quand l'un de nous deux sera mort; m'entendez-vous?

St-Sévrin alluma un cigare.

— Ah! vous voulez me railler. Nous allons voir, dit Marcel.

Il s'approcha de la fenêtre et appela.

Deux jeunes gens de sa connaissance qu'il

avait amenés avec lui, et qui l'attendaient en bas, se trouvaient une minute après chez St-Sévrin.

—Messieurs, leur dit Marcel, M. de St-Sévrin, que voici, a insulté bassement une femme, et il refuse maintenant d'en donner une réparation. Je vous prends tous deux à témoins que j'appelle monsieur un lâche, et que je lui jette mon gant au visage.

St-Sévrin, par amitié pour Marcel, avait bien voulu supporter des injures seul à seul, mais vis-à-vis des témoins, la chose changeait de face. Il s'approcha lentement de son agresseur.

— Répéteriez-vous ce que vous venez de dire?

— Oui; vous êtes un lâche, articula Marcel.

Au même instant il alla frapper la muraille, renversé par un soufflet.

Une heure après, les quatre jeunes gens étaient réunis au bois de Boulogne avec des armes.

En vain les deux témoins cherchèrent-ils à arranger l'affaire ; Marcel ne répétait que ces mots : C'est un combat à mort ; entendez-vous, messieurs ? à mort.

St-Sévrin voulait tirer l'épée : Marcel ne la connaissait pas.

— A vingt pas au pistolet, alors, dit un des témoins.

— On peut se manquer, dit Marcel. J'avais proposé à monsieur un moyen bien plus expéditif et plus sûr : c'était de tirer au sort à qui s'empoisonnerait de nous deux ; il a refusé. Je demande donc le pistolet à trois pas : les chances sont les mêmes.

—Mais, monsieur, dit un des témoins, c'est un assassinat.

— C'est égal.

Pendant ce débat, St-Sévrin demeurait la tête appuyée dans ses deux mains, pensant à la position terrible où il se trouvait.

Imaginez, lecteur, que vous avez un ami

aimé par vous du fond de l'âme, et pour lequel
il n'est rien au monde que vous ne fissiez. —
Imaginez que vous avez pris son parti contre
votre maîtresse même ; que vous vous êtes sacrifié, vous, pour le tirer, lui, d'un mauvais
pas ; que vous avez tenté de déblayer le chemin
de son avenir, — et que malgré tout cela votre
conduite est non-seulement méconnue par lui,
mais suspectée ; bien plus, que vous êtes insulté par lui, que vous êtes insulté devant
témoins, sans pouvoir vous justifier, sans qu'il
veuille même vous entendre : — concevez-
vous quelque chose de plus affreux !

Voilà pourtant la position de St-Sévrin à
cette heure. Il faut qu'il tue Marcel ou qu'il
soit tué par lui ; pourquoi ? parce qu'il a eu
trop de dévouement pour lui, parce qu'il l'a
trop aimé.

Aussi mille pensées se heurtaient à la fois
dans son cerveau. Il aurait voulu pouvoir refuser de se battre ; mais il ne le pouvait pas.
S'il ne s'était agi que de lui, peut-être aurait-

il courageusement sacrifié le point d'honneur ; mais il avait lui-même insulté gravement Marce devant témoins aussi : il ne pouvait donc pas, sans lâcheté, lui refuser une réparation. C'est à quoi il réfléchissait quand Marcel lui dit :

— Je pense que vous accepterez ce que je viens de proposer, monsieur?

— Tout ce que tu.... ce que vous voudrez, répondit-il.

Alors ils se placèrent à trois pas de distance, se tournant réciproquement le dos. A un signal donné, ils devaient pirouetter ensemble sur le talon droit, et tirer en même temps.

— Marcel, cria alors St-Sévrin, je te dis que cette femme t'a menti, — je te dis que tu es un insensé, — je te dis que je t'aime, — que je te pardonne, et que j'oublie si tu veux me laisser te donner des preuves.

— Je vous dis, moi, que je ne veux rien entendre, et qu'il faut qu'un de nous deux meure.

—Non, non, c'est impossible ; je ne veux pas me battre avec toi.

—Vous avez peur? dit ironiquement Marcel.

Ce mot seul changea subitement St-Sévrin. Il se remit en position.

Au signal donné, les deux coups partirent, St-Sévrin tomba.....

Troublé, ne sachant ce qu'il faisait, au lieu de se retourner du côté droit, il s'était retourné du côté gauche, de sorte que la balle de son pistolet avait passé à deux pieds au moins de Marcel, qui, plus heureux, lui avait traversé la poitrine.

[illegible]

[illegible] partie de [illegible]

[illegible] hypothèse [illegible]

On ne [illegible]

de souffle [illegible]

la vie [illegible]

de Sa [illegible]

[illegible]

[illegible] de la mort [illegible]

[illegible] qui a [illegible] Et si

la vie présent, [illegible] passé à deux pas de

moins de [illegible] plus longue. Toutefois

histoire se refera.

XVI

Je me trouvais un soir dans un salon, où
l'on causait de tant et tant de choses que cela
m'étourdissait. De vieilles perruques et de
jeunes fats, des femmes édentées et de jeunes
femmes, des sots et des savans, faisaient pleu-
voir une grêle de phrases capables de rendre

sourd un homme, ou de faire entendre un sourd.

Pour moi, j'avais bravement pris mon parti.

La main gauche collée sur mon gilet, la main droite appuyée sur le bras de mon fauteuil, la lèvre inférieure retroussée, et la tête inclinée vers le parquet, j'attendais que ce déluge eût un terme, et tout en ayant l'air d'écouter ce qui se disait, je suivais le fil de quelques pensées qui me plaisaient infiniment plus que ce verbiage.

Je ne me souviens plus à quoi je rêvais.

Tout ce que je sais, c'est que je me trouvais infiniment heureux de pouvoir ainsi me soustraire à cette inondation de maximes, de moralités et d'histoires ; c'est que je remerciais la nature de m'avoir donné assez d'imagination pour pouvoir m'en faire en ce moment un rempart.

Combien de temps cela dura-t-il ? je l'ignore entièrement. Le temps qu'on passe à rêver

coule si vite qu'on n'a pas le temps de le mé-
surer.

J'étais encore à méditer, quand j'entendis
une voix charmante qui me disait :

— Vous êtes bien triste aujourd'hui.

Je me retournai ; c'était la maîtresse de la
maison qui s'était approchée de moi.

— Mon Dieu, madame, lui dis-je d'un air
assez embarrassé, c'est qu'on parle de matières
si importantes, que je n'oserais vraiment pas
donner mon avis.

— Dites plutôt de matières fort ennuyeuses,
me répondit-elle tout bas.

Un demi-sourire de ma part lui indiqua que
son opinion était partagée.

Il y avait un fauteuil vide près de moi, elle
eut la bonté de s'y asseoir.

Comme nous nous connaissions depuis assez
long-temps, nous nous mîmes à causer sans fa-
çon, et nous en vînmes à parler d'amour.

— Je crois qu'il est impossible de pouvoir
cacher son amour à la personne pour qui on

l'éprouve , surtout quand on est presque sûr
d'avance qu'il sera partagé.

— Qu'en pensez-vous? me dit-elle.

— Je ne puis répondre à cette question ,
madame.

— Vous voulez rire !

— Non. Je parle très-sérieusement.

— Mais pour quelle raison alors?

— Parce que je ne crois pas à un amour partagé. — Du moment où un amour est partagé,
je suis convaincu qu'il cesse.

Ce fut vraiment un spectacle curieux que
l'étonnement qui , à ces paroles, se peignit
sur ce jeune et ravissant visage. Quand le premier moment fut passé , un cri de surprise se
fit jour.

— Oh ! par exemple !

Puis on ajouta :

— Pourriez-vous prouver ce que vous avan-
cez là ?

— Très-facilement, répondis-je. J'ai connu
un jeune homme qui aimait à la folie une jeune

fille. Tant qu'il l'aima seul, tant qu'elle ne lui eut pas ouvert son cœur, il l'adora ; mais, par malheur, les parens ayant cru faire le bonheur de tous deux en les unissant, et la jeune fille, étant, par conséquent, devenue la propriété du jeune homme, ils commencèrent à se voir de mauvais œil, et au moment où je vous parle ils plaident en séparation.

—C'est là un événement très-ordinaire.

—Nous sommes d'accord, madame ; l'idée que je viens de vous émettre est donc très-ordinaire aussi.

—N'avez-vous pas d'autre preuve que celle-là ?

— A la rigueur, celle-là suffirait ; mais j'en ai d'autres. Voici une aventure qui est l'histoire de beaucoup de gens, et qui a été la mienne.

—Voyons.

—J'ai aimé la femme d'un de mes amis. Tant que j'ai pu garder ma passion sans lui permettre de transpirer au-dehors, j'ai été amoureux fou ; mais du jour où j'eus fait une déclaration, où elle eut été favorablement reçue,—ma passion, je ne sais pourquoi, faiblit tout à coup, m'abandonna, et ce fut fini depuis.

Un léger murmure fort désapprobateur suivit cette confession naïve.

— C'est bon à savoir, me fut-il répondu en souriant.

Je continuai.

— Il me semble que c'est la preuve la plus convaincante que je puisse vous donner ; car posséder une femme, avoir ses faveurs, n'est autre chose qu'être aimé d'elle, puisque si elle n'aime pas elle ne se donne pas. — J'ai donc raison de dire que l'amour ne dure pas lorsqu'il est partagé.

—Mais enfin pourriez-vous nous expliquer comment vous comprenez cela, ou plutôt pourquoi cela est ainsi ?

—Oui, madame : la cause en est qu'une

chose, divisée en deux n'est plus entière. —
Un oiseau pourfendu ne vit plus, n'est-ce pas?
un membre coupé en deux n'est plus un membre? un arbre taillé en deux n'a plus de sève?..
—Eh bien! de même, l'amour, une fois partagé, n'a plus de sève, ne vit plus; il n'est plus que
les deux parties d'un corps mort... Tant
qu'un homme aime seul, il aime réellement,
parce qu'alors il possède l'amour en entier;
mais du moment où une femme lui dit : Je
veux ma part, — l'amour devient ce que devient un fruit mûr que deux enfans se divisent.....

Ce raisonnement eût beau être et paraître
juste, la jeune femme n'en décida pas moins
que j'étais un être paradoxal; réputation qui
m'est restée depuis dans son cœur.

Si vous voulez savoir, lecteur, pourquoi
j'ai intercalé cette page de mon histoire dans
ce livre, je vous dirai que c'est pour vous
rendre plus compréhensible le caractère de
madame de Rialto.

Je ne voudrais pas que vous pussiez me dire : Cette femme quitte trop vite ses amans, cela n'est pas dans la nature ! — Cela est dans la nature ; je viens de vous le prouver.

Maintenant, comme vous désirez probablement connaître la cause du duel que je vous ai conté, je vais y consacrer un chapitre.

XVII

Qui a jamais pu se flatter de connaître à fond
le cœur d'une femme? Quel est l'homme, —
quelque aimé qu'il ait été, — quel est l'homme
qui a pu dire d'une femme : C'est un miroir
où toutes les images qui se reflètent sont vues
par moi; c'est un lac brillant et limpide dont

le fond est aussi beau que la surface ; — c'est
une fleur dont je respire seul tous les parfums.

— Oh ! il serait bien insensé celui qui se
fierait au dehors d'une jeune fille, qui jugerait
le fruit d'après l'écorce ; — je le plaindrais
celui qu'un sourire pourrait fasciner au point
qu'il jugerait l'âme d'après le sourire !... car
les femmes semblent avoir reçu exprès la
beauté pour cacher plus d'imperfections et plus
de vices ; car, pour qui veut les voir sans in-
fluence et sans passion, les femmes ne sont
qu'une argile plus commune qu'aurait coloriée
la main d'un grand peintre, ou, comme le dit
admirablement l'Evangile de quelques-unes ,
des sépulcres pleins de pourriture au-dedans,
splendides au-dehors. —

Et pourtant voilà tout ce que Dieu nous a
laissé tomber du ciel pour notre bonheur !
voilà tout ce qu'il a pu trouver de plus séduisant pour consoler nos tristes heures ! — Ah !
c'est bien le cas de dire : N'est-ce que cela ?

— C'est bien le cas de dire à Dieu : Si c'est là
le ciel, nous n'en voulons pas, gardez-le !

C'est une pitié, en vérité, quand on regarde
avec sang-froid toutes les choses de la vie,
toutes ses vicissitudes, tous ses déboires, toutes
ses fatalités ; quand on se prend à compter
une à une toutes les misères qui vous y assaillent ; c'est une pitié de se dire : pour tout cela,
quelle récompense ? qu'a-t-on jeté dans la balance pour contre-poids ?... — La femme ! !

C'était bien la peine vraiment ! ! c'est-à-dire
que c'est comme si l'on disait à un homme
brûlé par la soif : — Tu veux boire ? tiens,
— et qu'on lui donnât du poison !..

On prétend cependant qu'il est quelques
femmes douces et vertueuses, tendres et sin-
cères, je ne le crois pas. — Je ne nie pas tout-à-
fait néanmoins, parce que beaucoup d'hommes
l'affirment ; mais je suis tenté de croire que
ces hommes n'ont regardé qu'à travers un
prisme, ou qu'ils ont fermé les yeux peut-être.

D'ailleurs, n'en parlons plus. Cela m'importe si peu maintenant !

Revenons plutôt à notre aimable marquise qui ne se flattait pas d'être une exception, elle, qui n'avait aucunes prétentions à la vertu, qui était philosophe, et prenait ses plaisirs où elle les rencontrait.

Ainsi, elle avait trouvé très-amusant, par exemple, de jouer avec la passion d'un jeune homme, et elle l'avait fait, sans hésiter un instant de sacrifier un amant à ce nouveau caprice, d'autant plus que cet amant durait trop — et la fatiguait déjà.

Craignant une indiscrétion de St-Sévrin, comme vous savez, elle avait redoublé de sentimentalité avec Marcel, afin de mieux tromper ce dernier, afin de le mettre en garde contre les avis de l'amitié. Pour cela, elle lui avait presque donné à croire qu'elle l'aimait, — vous l'avez-vu ; — aussi fut-elle fort étonnée de s'apercevoir un matin qu'il n'était pas venu chez elle de quelques jours,

Alors elle se douta qu'elle avait soupçonné juste, et, vindicative qu'elle était, elle roula dans sa tête un projet horrible.

Un soir pourtant Marcel vint; mais hélas! comme il était changé!

Il avait maigri beaucoup. Ses joues creuses,—ses yeux ternes, jaunes,—son teint plombé, ciré, cadavéreux; — ses lèvres sèches, fendues; — ses cheveux arides attestaient que le sommeil n'avait pas souvent arrosé ses nuits, — qu'il avait été miné par quelque chose de fatal.

C'était en effet depuis le conseil de St-Sévrin que Marcel était devenu ainsi. Aussitôt après la visite de son ami, il avait éprouvé une secousse violente, dont toute son organisation s'était trouvée ébranlée; et depuis, cette idée funeste qui lui avait été suggérée, ce soupçon sur la vertu de la marquise se présentait à chaque instant devant lui sous mille formes. — Seul ou perdu dans la foule, couché ou debout, éveillé ou assoupi, il en était torturé toujours. C'était une souffrance au-delà de toute souffrance , un martyre au-delà de tout martyre ; c'était comme s'il avait eu un scorpion attaché à son cœur, et le mordant sans relâche ; — c'était pire encore.

Cet extérieur endolori confirma la marquise dans son soupçon et dans son projet de vengeance. — Curieuse, elle voulut cependant tout savoir.

— Vous avez bien changé depuis quelques jours, dit-elle.

— Vous aussi, madame, répondit tristement Marcel.

— Vraiment ?...

— Oui. Pendant que je dépérissais , vous fleurissiez !

— Vous avez donc souffert encore ?

— Plus que jamais.

— Oh, mon Dieu !

— Croyez-vous, madame, qu'une passion s'éteigne comme un flambeau sur lequel on souffle ?

— Non ; mais je crois qu'elle peut se calmer par la raison.

— La raison !... vous me faites rire en vérité ! savez-vous ce que c'est que la raison ?
c'est une femme qui feint de vous retenir sur
le bord d'un gouffre et qui vous y pousse...

— Pourtant, avec de la force, du caractère,
de l'empire sur soi, il me semble...

— ... Oui, mais quand on doute.

— Quand on doute !... de quoi ?

— De rien, Ne me faites pas parler, je vous
en conjure.

— Vous m'aviez promis une confiance entière pourtant !

Ici Marcel résista , la marquise pria. — Cela
dura quelque temps, jusqu'à ce que le pauvre
jeune homme n'y pût plus tenir.

— Eh bien ! oui, dit-il ; j'ai douté. J'ai
douté de vous , madame ; j'ai cru que vous
m'aviez trompé, que vous ne m'aimiez pas,
parce que vous en aimiez un autre ; — j'ai cru
que votre bouche et vos yeux m'avaient menti ;

j'ai cru que vous me méprisiez ; que n'ai-je pas cru ?—Oh ! si vous saviez ce que c'est que d'aimer comme j'aime ! — si vous saviez quelle torture c'est à un tel amour que le moindre soupçon, mon Dieu ! J'ai heurté vingt fois ma tête contre les murailles, j'ai pétri ma poitrine avec mes ongles, j'ai ri du ciel.... Que n'ai-je pas fait ?

— Vous me connaissiez bien peu, monsieur!

— Oui, n'est-ce pas?... N'est-ce pas que j'ai été un fou de vous avoir soupçonnée, vous si candide, si pure, que le souffle de Dieu ne pourrait que se purifier en passant par vos lèvres ! — N'est-ce pas que je suis un misérable d'avoir douté ?

— Je vous le pardonne.... mais c'est bien mal. Je ne me serais pas attendu à cela de vous.

— De moi? Ah ! ce n'est pas moi qu'il faut en accuser ; c'est un autre.

L'œil de la marquise rayonna.

— Qu'est-ce que vous dites donc là, un autre ?

— Oui, on m'a trompé.

— Et qui donc ?

— Oh ! voyez ; je ne puis vous le dire ; j'ai promis le secret.

— Eh bien ! ne nommez personne alors ; mais contez-moi ce qu'on vous a dit.

A ces mots, Marcel, honteux, rouge, heureux, éperdu, rapporta tout du long la conversation qu'il avait eue quelques jours auparavant avec St-Sévrin. La marquise, pendant ce récit, gardait un air ironique, souriant quelquefois avec dédain, quelquefois avec amour...

— Je sais qui vous a fait ce conte-là, dit-elle, quand il eut fini.

— Je ne crois pas, madame.

— Si, parce que ce n'est pas la première fois que la même personne a cherché à me nuire.

— Que dites-vous là ?

— C'est un jeune homme qui m'a aimée,

que je n'ai pas aimé, et qui se venge... Voilà
tout.

— Oh!!

— Seulement, je ne le croyais pas assez
infâme pour aller ternir ma réputation près
de ceux dont l'estime m'est le plus chère.

L'accent de la marquise était si pénétré, si
convaincu, si douloureux, que Marcel répondit douloureusement aussi :

— Vous avez raison. Il faut être bien infâme !

— Ah ! s'il était vrai, reprit la marquise,
que j'eusse oublié mes devoirs au point qu'il le
dit, s'il était vrai que j'eusse un amant, s'il
était vrai seulement que quelqu'un au monde
s'intéressât à moi, certes, M. de Saint-Sévrin
n'agirait pas long-temps ainsi.

— Qui vous a dit que ce fût Saint-Sévrin ?

— Je le sais.—Ce n'est pas la première fois
que cela lui arrive, je vous le répète. Je vous
répéte aussi que si quelqu'un s'intéressait réellement à moi, comme il le dit, je serais bien-

tôt vengée. Mais que voulez-vous que fasse une pauvre femme! seule, sans appui, sans force, il faut qu'elle souffre tout et qu'elle se taise.....

— Ah! mais je suis là, moi, madame; je suis là, ordonnez; que voulez-vous que je fasse? dites.

— L'homme qui aime.....

— ... Oh! mon Dieu! mais je ne vous aime donc pas, moi? Oh! mais c'est un coup de poignard pour moi que ce mot-là, madame! vous doutez donc que je vous aime! mais je suis dévoré par l'amour que j'ai pour vous. Mais je souffre comme dans un enfer, et cela pour vous; et vous doutez que je vous aime! Voyons! comment voulez-vous que je vous le prouve? voulez-vous que je me tue, que je tue St-Sévrin, que je l'assassine?

— Je pense bien, monsieur, que si vous avez jamais une affaire d'honneur, vous ne vous y prendrez pas de cette manière. Il est un moyen plus honorable que celui-là de tirer une vengeance.

— Un duel! Eh bien! oui… vous serez vengée, madame.

Celui qui aurait pu descendre en ce moment dans l'âme de la marquise, aurait entendu un effroyable ricanement intérieur, aurait été glacé de cette joie qui était inspirée à madame de Rialto par l'idée de la mort d'un homme. — Son extérieur pourtant resta calme.

— Non, non, monsieur, dit-elle, ce n'est pas de moi qu'il s'agit; je ne veux pas que vous exposiez votre vie pour moi. D'ailleurs, jouer sa vie pour une femme, c'est presque avoir le droit de s'en faire aimer, et je ne veux pas cela, — je ne le dois pas.

— Ma vie n'est-elle donc pas à vous, madame? ne vous appartient-elle pas?

— Mais vous battre avec un ami…..

— … Un ami! oh! non, non. Dites un infâme dont l'amitié passée me fait rougir; dites un lâche; — car il n'y a qu'un lâche qui

puisse attaquer, faussement ou non, la réputation d'une femme! Voyez, à présent, il faut
que je le tue, je veux le tuer.

— Non. Soyez calme, je vous en prie. Laissez dire les méchans. Qu'importe, quand on a
sa conscience pour le présent et Dieu pour
l'avenir?...

— Oh! et les tourmens que ses calomnies
m'ont fait endurer, croyez-vous que je les lui
pardonne? Non. Je vous dis qu'il faut qu'il
meure, — lui ou moi.

— Mais vous êtes un enfant, qu'un mot peut
irriter ou calmer dans la même heure. Il aura
peur peut-être, et alors il excitera votre jalousie encore, il inventera de nouvelles calomnies,
et vous vous laisserez persuader, vous le croi-
rez.....

— Oh! je vous jure que non. Je vous le jure
par vous, par vos yeux qui me brûlent!... Ah!
ne me regardez pas ainsi; mon Dieu! mon
Dieu! — que je vous aime!.....

La marquise avait donc atteint son but;

cette vengeance qu'elle avait nourrie et cares-
sée allait s'accomplir.

— St - Sévrin , se dit-elle , verra bien , —
s'il meurt, — que c'est de moi que la mort lui
vient. Il la recevra de la main de son ami , et
mourra sans pouvoir même se justifier , sans
pouvoir m'accuser. Il saura comme je me
venge. Si cependant c'était Marcel qui était
tué, alors le général Ovigi m'en débarrasse-
rait, lui. Il en a déjà expédié tant
d'autres !.....

Le général n'eut pas la peine de combattre,
car Marcel fut vainqueur, comme nous vous
l'avons dit.

XVIII

Aussitôt après le duel, Marcel était accouru chez madame de Rialto qui attendait impatiemment des nouvelles.

— Eh bien ? dit-elle en le voyant entrer.

— Il est mort, répondit sourdement Marcel.

La marquise respira, comme si on lui eût ôté un monde de dessus la poitrine.

— Il est mort, madame !

Il se mit à deux genoux devant la jeune femme, attacha ses yeux sur elle, et lui dit :

— Ah ! si vous saviez que c'est lourd à porter un meurtre !... que c'est affreux de croire apercevoir du sang à ses mains !

Il avait un air égaré.

— Madame de Rialto, ajouta-t-il , madame de Rialto, j'ai assassiné un homme pour vous ; oui, j'ai assassiné un homme pour vous !.... — Nous nous sommes battus à trois pas. — Je me tuerai pour vous encore, si vous le voulez ; mais au moins, au moins, ah ! dites-moi que vous m'aimez.

Madame de Rialto mit ses deux mains sur son visage pour cacher un sourire à la fois joyeux et railleur. Marcel, qui la crut émue, continua :

— Oh ! je souffre plus qu'un damné. — Oui, il est impossible que dans l'enfer on souffre autant.... Imaginez que mon cœur est broyé dans un mortier, — mâché sous les dents d'une hyène, — lacéré par des ongles de bronze, — vous ne devinerez pas encore tout ce que je sens. — Je vous aime ! ô mon Dieu ! je vous aime !.. Écoutez-moi, tenez ; vous êtes bonne, vous êtes douce, n'est-ce pas ? vous avez de la pitié dans l'âme ?... Si un malheureux vous disait : pleurez sur moi, — vous pleureriez, n'est-ce pas ? — Eh bien ! moi, moi, je suis ce malheureux qui vous prie, qui vous supplie d'avoir pitié !—Oh ! ayez pitié !

—Je croyais vous avoir dit, monsieur, que mes devoirs...

—... Vos devoirs ! Que m'importent vos devoirs à moi ? Donnez donc votre gant pour apaiser la faim d'un tigre qui mâche à vide près de vous,— et vous verrez... Vos devoirs ? — Mais, n'est-ce donc rien que le cœur d'un jeune homme ? n'est-ce donc rien que sa souffrance ? — Voyez, je suis là, à vos pieds ; je suis anéanti, perdu : faites un signe et je me brise ; — mais encore une fois, dites-moi que vous m'aimez.

Il laissa lourdement tomber son front sur le parquet, puis il reprit :

— Mon Dieu ! mais que faut-il donc faire ? Comment faut-il donc vous prouver qu'on vous aime ? Quoi ! jouer sa vie, tuer un ami ; tout cela, ce n'est donc rien ! c'est donc un jeu ! Cela ne vaut donc pas un peu d'amour ! Mais que vous faut-il donc ?...

Après un moment, il ajouta :

— Écoutez, écoutez, — ceci est grave ; c'est un suicide que vous tenez dans vos mains ; c'est avec la pointe d'un poignard que vous jouez. — Oh ! écoutez-moi. Il faut que vous m'aimiez. Oui, il le faut, voyez-vous ; cela est nécessaire ; cela doit être ; je le veux, il le faut. — Vous resterez sacrée pour moi, vous serez pour moi une religion, une croyance ; — je ne toucherai pas même vos vêtemens du doigt ; — mais il faut que vous m'aimiez ; je le veux.

Puis avec un sourire d'ange et des yeux mouillés, il lui dit à demi-voix : — N'est-ce pas que vous m'aimez ?

— Ah ! monsieur Marcel, répondit la marquise, comme vous abusez de la faiblesse d'une femme ! Pourquoi voulez-vous me forcer de vous dire ce que vous pouvez voir !...

— Oh !... oh ! achevez. — Tout ou rien... cela vous étonne peut-être, n'est-ce pas, que je sois si ardent, si fou, si passionné ? cela vous étonne, cela vous fait peur !... Ah ! ne craignez rien, allez... mais si vous saviez... si vous saviez comme j'ai besoin d'amour, moi ; — si vous saviez que mon âme est tendre, qu'elle est douce, qu'elle a besoin d'une sœur ; — et qu'elle n'en a jamais trouvé. — Oui, depuis que je me connais, depuis que je sens, jamais la moindre sympathie ne s'est épanchée sur moi. — Les autres ont des mères aimantes, bonnes, qui les serrent, qui les caressent la nuit et le jour, qui les inondent de regards et de baisers ; — moi, je n'ai jamais rien eu de tout cela ; ma mère a été moins qu'une étrangère pour moi ; moi, je n'ai jamais su ce que c'était qu'une caresse ; — et pourtant je sens que je serais quelque chose de grand si j'étais aimé. — Jamais la main d'une femme n'a touché la mienne dans l'ombre ; jamais mon front ne s'est appuyé brûlant sur les genoux d'une femme ;... aussi, à cette heure, je suis rongé, j'ai besoin d'amour! Oh!...

Si vous saviez que je vous vois dans tous mes rêves, que vous brûlez mes jours et mes nuits, que je vous ai toujours près de moi !.. Si vous saviez que mon sang est aussi chaud que ce qui sort du Vésuve au jour d'éruption, et que pourtant mon amour pour vous me rend chaste, — et que cette chasteté même ne fait que doubler mes désirs et les irriter encore!... Si vous saviez !... — Mais tout cela est inutile à dire. Pardonnez-moi, pardonnez-moi; mais de grâce, ah! un peu d'amour !

Maintenant je vais avoir sans cesse un spectre derrière moi ; toujours St-Sévrin tombant sera devant mes yeux ; ce sera un fantôme qui me poursuivra partout, un cauchemar éternel qui m'écrasera; — au moins, qu'un mot de votre bouche me dédommage de toutes ces souffrances que je vais souffrir à cause de vous !

Comme la marquise ne répondait pas, il la prit violemment par le bras et continua :

— Voyons! voyons! je suis las de prier ; je suis las de rester à genoux ; voici assez longtemps que je me traîne à vos pieds, il me semble. — Je vous dis que j'ai tué un homme, un ami, à cause de vous ; je vous dis que depuis plusieurs mois, j'endure des tortures horribles à cause de vous; je vous dis que je veux être aimé, que je vous aime et qu'il faut que vous m'aimiez.

Madame de Rialto, effrayée de cette violence, eut un instant l'envie de sonner ses domestiques; mais elle réfléchit que ce serait faire un scandale inutile, que ce serait mettre le monde dans sa confidence, que ce serait afficher sa conduite; et en femme experte à la dissimulation et au vice, elle prit une résolution plus adroite et plus neuve.

— Mon Dieu! mon Dieu! ajouta Marcel; mais c'était donc vrai ce que m'avait dit St-Sévrin! vous m'avez donc menti!... Mais, mais ma tête se perd. — Madame, oh! par grâce, par miséricorde, dites un seul mot.... — Vous ne voulez pas? Eh bien! soit... vous serez à moi!—Corps ou âme vous serez à moi! vous me refusez l'un, je prends l'autre....

En disant cela, il se leva violemment, les yeux hagards, la chevelure hérissée, la figure bouleversée et contractée à faire peur; il se jeta avec rage sur la jeune femme, la ploya en deux comme un châle, la serra contre sa poitrine à l'étouffer.

— Pour la dernière fois, m'aimez-vous ?

— Oui... oui, murmura-t-elle.

Marcel retomba muet à ses pieds.

XIX

Il avait à peine fermé la porte du salon que madame de Rialto sonna vivement. Un domestique accourut.

— Vous avez vu ce jeune homme qui vient de sortir?

—Oui, madame.

— Dorénavant je n'y serai jamais pour lui.

Vous souvenez-vous, lecteur, de ces paroles de la marquise : « Quand il me pressera trop, je lui ferai tout uniment interdire ma porte. » Eh bien! aujourd'hui les voilà réalisées.

La marquise n'aurait pas cru que le temps de les mettre à exécution dût arriver si promptement; mais les choses ayant marché vite, Marcel ayant laissé trop subitement grandir son amour, elle avait été obligée d'en finir plus tôt qu'elle ne l'avait pensé, plus tôt même qu'elle ne l'aurait voulu; — car, en vérité, Marcel l'amusait.

Mais au bout du compte tout bonheur, quel qu'il soit, est toujours court; rien de ce qui rend heureux ne dure long-temps. — Telle fut la réflexion philosophique qui consola la marquise; à quoi elle ajouta : — Au moins je me suis passé mon caprice!

Et ce n'est pas peu de chose pour une femme, croyez-moi, que de se passer un caprice! Un caprice pour elle, c'est tout. — Cent

mille francs sont peu de chose près d'un ca-
chemire qui agace sa fantaisie; une robe, un
chapeau, une fleur même, pourvu qu'elle la
désire avec ardeur, c'est plus à ses yeux qu'un
hôtel, une terre ou un équipage. Tout dispa-
raît devant l'envie du moment; tout est là pour
elle. Aucun prix alors n'est trop élevé, quel
qu'il soit; elle ne dit jamais : C'est trop cher !

Certes, si une femme doit regretter d'avoir
payé trop cher un caprice, c'est bien la marquise, elle qui a brouillé deux amis, qui a fait
tuer l'un par la main de l'autre. — Pourtant
elle ne se plaint pas.

— Au moins je me suis passé une fantaisie,
et je n'ai pas eu le démenti, se dit-elle.

Ah! il y avait de bien autres choses dans le
cœur de Marcel! c'étaient de bien autres idées
qui y germaient, vraiment!

Ne vous imaginez-vous pas le voir, le pauvre
enfant, bondissant d'aise, souriant, ouvrant
son âme à mille rêves? — Ne vous imaginez-
vous pas voir briller ses grands yeux noirs,

entendre mille phrases entrecoupées et volup-
tueuses sortir de sa bouche? ne le voyez-vous
pas serrant sa poitrine avec ses deux mains?

Si vous saviez toutes les belles choses qu'il
pense!

D'abord, il remercie Dieu de ce qu'il est aimé... il fait intérieurement une hymne sublime
qu'il exhale peu à peu avec amour. Ce sont des
paroles belles et pures qu'il laisse monter au ciel;
— ce sont des espérances brillantes qui tour-
billonnent dans sa tête; ce sont mille choses
dorées auxquelles il donne un corps, et qu'il
berce en lui comme des enfans qu'on aime; —
ce sont des prévisions ravissantes de l'avenir...

Puis c'est un retour sur le passé, une larme
bientôt tarie répandue sur la route parcou-
rue déjà. — Et ces pensées incohérentes,
belles, tristes, mais toutes coloriées pourtant
plus ou moins d'une teinte rose, — il les résume
par ce mot du cœur :

— Mon Dieu!

Et puis il lève son front bien haut, il marche droit; et puis il se croit maintenant plus heureux que tout homme au monde. Qui osera s'égaler à lui? quel roi est plus puissant que lui maintenant? que ne ferait-il pas? — Il est aimé!...

Pauvre enfant!

Oh! comme le lendemain lui parut long, à lui qui attendait le soir avec tant d'impatience!

Enfin la nuit tomba, et il fut en quelques bonds dans la rue qui renfermait sa vie désormais.

Il sonne. On ouvre.

— Madame n'y est pas.

Sa tête s'inclina froidement sur sa poitrine. Il ne répondit rien. Il était comme un condamné à mort, qui a espéré deux mois sa grâce, et qu'on vient éveiller un matin pour le conduire en Grève.

Il s'alla mettre au lit à l'heure même, afin que le temps passât plus vite, et à force de chimères bâties sur le lendemain, il finit par s'endormir.

Le lendemain, il ne mangea presque pas ; le jour fut encore bien long, mais la nuit vint.

Même histoire que la veille.

— Quand madame rentrera-t-elle? demanda-t-il pourtant cette fois.

— Je ne sais pas, monsieur.

Il laissa une carte et partit.

Deux ou trois jours s'écoulèrent, pendant lesquels il n'aurait pas pu dire s'il vécut ou non. Il dormit et rêvassa, voilà tout. — Puis il retourna chez la marquise.

— Madame n'y est pas.

— Est-elle malade ?

— Non, monsieur.

Il s'en alla encore.

Cette fois, comme il se retournait machinalement pour regarder les fenêtres d'Élisa, il crut, à travers les fentes des volets, apercevoir de la lumière... — Il ne s'était pas trompé.

— Il s'arrêta un instant, passa sa main sur ses yeux pour s'assurer qu'ils étaient ouverts, et regarda... C'était bien une clarté de bougies qui lui arrivait.

Il fut obligé de s'asseoir sur une borne pour ne pas tomber.

Il se mit alors à repasser dans sa tête tout ce que lui avait dit St-Sévrin. Ce mot, — preuve, — que St-Sévrin avait prononcé souvent, le déchirait comme un poignard à cette heure. Il rêva si long-temps, que lorsqu'il revint à lui il n'y avait plus de lumière chez la marquise.

— Elle m'a pourtant avoué qu'elle m'aime, se dit-il ; c'est bien étrange !

Deux ou trois jours se passèrent encore ; mais ceux-ci furent mieux remplis : ils furent employés à prendre une résolution.

Comme il arriva que pour la quatrième fois madame de Rialto n'y était pas, quoiqu'on aperçût de la lumière chez elle, Marcel se promena de long en large dans la rue pour attendre. — Quand minuit fut sonné, il s'embusqua devant un portail, vis-à-vis celui de la marquise, qui s'ouvrit au bout d'un petit quart-d'heure.

Marcel regarda.

Un homme grand et bien fait en sortit, marchant vite et d'un pas joyeux.

Marcel crut reconnaître cet homme : il l'avait sûrement vu quelque part. Il voulait le suivre, mais l'autre courait... En réfléchissant attentivement, il finit par le remettre. Cet homme était le général Ovigi, qu'il avait rencontré chez la marquise le jour de sa visite de bal.

Une fièvre violente le saisit, une fièvre de jaloux.

Sa tête était brouillée, ses idées confuses ; il faillit vingt fois tomber, tant ses jambes étaient faibles. Son cerveau était devenu un chaos où se heurtaient à la fois vingt mille pensées diverses : pensées de haine ; — pensées de vengeance, — pensées de duel, — pensées de meurtre, — pensées de viol !...

Ce fut sur ces dernières qu'il s'arrêta avec le plus de complaisance.

—

[illegible] — [illegible] — [illegible]

[illegible] — [illegible]

[illegible]

[illegible]

XX

Un autre soir qu'on lui avait encore refusé
l'entrée et qu'il veillait dans la rue, il aperçut
une brillante calèche arrêtée.

C'était celle de madame de Rialto.

Un moment après, il la vit y monter légère
et parée comme pour une fête. Un homme élé-
gamment vêtu y monta aussi.

C'était encore le général Ovigi.

Les chevaux partirent au grand trot.

Il eut un instant l'idée de se cramponner derrière la voiture afin de les suivre ; mais il n'eut pas la force de courir pour l'atteindre. — Il resta assis sur un trottoir.

Quatre heures après, la calèche revint, rentra dans la cour de l'hôtel. Le général Ovigi descendit, offrit sa main à la marquise, puis son bras, — et ils remontèrent ensemble. — Et le portail se referma.

Quand il se rouvrit, ce fut encore pour le général Ovigi qui partait.

Comme la nuit était obscure, et que Marcel avait son menton appuyé sur ses genoux, le général le prenant pour un pauvre, lui laissa tomber quelques pièces de monnaie.

Marcel les ramassa, les lui jeta à la tête et s'enfuit.

Un autre soir qu'il faisait encore sentinelle, une des fenêtres de la marquise s'ouvrit. — Il pouvait être une heure du matin.

La nuit était superbe; le ciel bleu flam-
boyait à force d'étoiles ; la lune se promenait
dans le ciel fière, large et pâle, au milieu de
quelques nuées blanches et roses, comme une
reine dans un jardin en fleurs.

Une jeune femme parut sur le balcon : c'était
la marquise.

Sa main était dans celle d'un homme qui
s'approcha aussi.

C'était le général.

Marcel n'eut que le temps de se précipiter
dans l'encoignure d'une porte cochère, et,
grâce à l'ombre qu'un des angles de la porte
projetait en avant dans la rue, on ne le voyait
pas, et il voyait, lui....

Le général porta à ses lèvres la main qu'il
tenait dans la sienne.

Marcel, au même moment, ferma les yeux
pour ne pas voir; mais il entendit le faible bruit
d'un baiser.

— Que le temps est calme ! disait la jeune
femme; que l'air est pur !

— Moins que toi, mon ange ! répondait l'homme.

Marcel, pour ne pas faire de bruit en frappant sa tête contre le bois du portail, se la frappait contre la pierre.

Il y eut quelques autres mots insignifians d'échangés.

— Et tu ne l'a plus revu ? dit le général.

—Il est revenu bien souvent, mais je me suis toujours fait nier.

Marcel crut comprendre qu'il s'agissait de lui, et s'enfonça les ongles dans les cuisses pour ne pas bouger de place.

— C'était le plus court parti à prendre, dit le général.

— Malheur à toi ! murmura Marcel.

— Il était vraiment bien amusant, dit madame de Rialto.

—Bah ! dit M. Ovigi.

Ici la marquise fit au général le même récit qu'elle avait fait à St-Sévrin autrefois, augmenté en outre de toutes les scènes passionnées qui avaient eu lieu dans l'intervalle ; puis elle parodia encore la généreuse conduite de St-Sévrin envers son ami , et termina en narrant les moyens qu'elle avait employés pour se venger de ce jeune homme par la main de Marcel même.

Les deux amans riaient.

Les dents de Marcel grinçaient dans l'ombre.

Tout à coup la tête de l'homme s'inclina sur celle de la jeune femme; leurs bouches se rencontrèrent; un bruissement amoureux s'exhala de leurs lèvres. Pendant qu'ils se tenaient ainsi embrassés tous deux , un corps humain vint rouler au milieu de la rue.

C'était Marcel évanoui.

— Ah !.... fit madame de Rialto. On nous a vus.

— Non, non. C'est un homme ivre, dit le général.

On referma la fenêtre.

Cependant Marcel était revenu à lui. L'eau du ruisseau dans lequel il était tombé avait ra-

fraîchi sa tête. Il était debout, tâtant avec l'ex-
trémité de son doigt la pointe d'un coûteau-
poignard qu'il portait habituellement sur lui.

Il n'y avait vraiment plus une seule pensée
distincte sous son crâne. Tout y était trop
horriblement bouleversé , pour qu'une idée
suivie pût s'y faire jour.

Il n'avait plus qu'un instinct, celui du sang.

Un moment après le général sortit. Marcel
se remit dans son encoignure , le laissa passer
devant , puis le suivit.

Quand il crut être assez loin de toute oreille
il s'approcha de son rival et le saisit par le
bras.

— Qui êtes-vous ? dit le général.

— Le mendiant à qui tu as fait l'aumône
l'autre soir.

— Que voulez-vous ?

— Peu de chose...

Il lui sauta à la gorge et y planta son couteau.

Le général voulut crier, mais le sang affluant à sa bouche , il tomba étouffé, raide mort.

Marcel l'ayant fouillé promptement , lui trouva un portefeuille qu'il emporta.

XXI

Il se mit à courir de toutes ses forces, comme si on l'eût poursuivi et ne s'arrêta pour respirer un moment, que lorsqu'il fut devant la porte de son hôtel.

Aussitôt chez lui, il ouvrit avidement le portefeuille.

Dans la première poche il trouva diverses lettres qu'à la signature il jugea ne devoir pas lire. C'étaient probablement des lettres d'affaires. Que lui importait?

Il les mit à part.

Dans une autre poche il trouva plusieurs billets de banque. Il pouvait y en avoir pour quelques mille francs. Que lui importait?

Il les mit à part.

Ailleurs il vit plusieurs petits paquets très-soigneusement pliés, avec un nom sur le dos de chacun.

Il y avait cinq paquets et cinq noms.

Louise,

Marie,

Rosalie,

Melchiora,

Elisa.

Il ouvrit le dernier paquet à cause du nom qu'il portait au dos. Il y trouva des cheveux qu'il crut reconnaître pour être de la marquise.

Il les enveloppa d'un autre papier, et les ferma dans un tiroir de son secrétaire.

Les autres paquets furent mis à part.

Après, venaient un petit cahier blanc et une peau d'âne, placés dans le milieu du portefeuille.

Il eut envie de lire quelques lignes qui y étaient écrites. Il lut :

— Ecrire à Grenoble pour des gants.

— Remettre la lettre du baron.

— Prévenir la personne en question.

— Prendre des renseignemens.

Il passa quelques pages et continua de lire :

— Retirer mes fonds.

— Rendre une visite au comte de La Place.

— Aller passer la soirée chez madame de Rialto.

Il sauta quelques pages encore, et vint à la dernière qui était en date du jour même.

— Rendez-vous avec madame de R....

Marcel devina la fin du nom et déchira le

feuillet qu'il mâcha dans sa bouche avec fureur.

Dans la dernière poche qui venait après le
cahier, il trouva plusieurs lettres dont l'écri-
ture lui parut être celle d'une femme. Il les
ouvrit, regarda au bas : elles n'étaient signées
que de cette initiale E. Il allait les replier
quand il se frappa le front avec le poing.

— E. Elisa, dit-il.

Il dévora les lettres.

Beaucoup ne signifiaient pas grand'chose.

Plusieurs étaient excessivement galantes;
d'autres, par les circonstances qu'elles ren-
fermaient, ne laissaient pas à douter un seul
instant qu'elles ne vinssent de la marquise.

Une dernière enfin, datée de la veille, contenait en post-scriptum ce qui suit :

— « Surtout n'allez pas me faire le roman-
tique comme le petit Marcel, dont je vous ai
parlé, et qui m'a tant fait rire; —ou le pédago-
gue, comme son cher ami St-Sévrin, dont Dieu
ait l'âme ! — Cela ne plaît pas à beaucoup de

femmes, je vous en avertis. — Au reste, ce que je vous dis est bien inutile, c'est pure envie de bavarder, — car vous êtes parfait de ce côté-là... seulement... — A demain soir. »

Ceci fut un éclair pour Marcel. Il vit tout et comprit tout.

Il brûla machinalement le portefeuille, les billets de banque, les petits paquets, tout enfin, excepté les lettres de madame de Rialto, qu'il réunit à ses cheveux.

Et, comme il avait une fièvre ardente, il se coucha.

Il ne dormit pas.

Il rêva pourtant que la marquise était à ses genoux.... Puis, qu'elle était dans ses bras... Puis, il crut voir un squelette d'homme qui s'interposait entre eux...

Il fit un bond, et le cauchemar se dissipa.

XXII

Alors la première pensée qui lui vint en tête fut une pensée de suicide. Il la caressa avec amour.

Autrefois le suicide pour lui était une chose immorale, une impiété, un crime, — parce qu'autrefois il croyait à l'amour, à la vertu et à Dieu.

Mais à cette heure, où la vertu, l'amour et Dieu ne sont plus que des utopies pour lui, qu'il n'y croit plus ; — à cette heure, le suicide lui paraît une chose rationnelle, une chose logique. —

Ardent comme il l'était, Marcel n'hésitait jamais long-temps pour prendre une résolution. Le moment d'après que l'idée avait jailli chez lui, le bras agissait ; — parce que chez lui c'était toujours l'âme qui voulait ; — jamais la tête.

A l'instant dont nous parlons, il n'avait plus que trois croyances.

L'athéisme, — la haine, — le crime.

Aussi une mort volontaire lui souriait-elle.

Peut-être, un autre jour, aurait-il pu trouver d'excellentes raisons pour motiver le suicide ; — mais actuellement, il ne lui restait plus assez d'énergie pour cela.

Il sait qu'il veut mourir, — voilà tout.

Il sait pourquoi il veut mourir. — Il sent

que vivre lui est impossible ; — que lui faut-il davantage ?

Le monde ne lui offre rien qui le retienne ; au contraire... Plus il le regarde en face, et plus il a hâte d'en partir.

L'autre vie lui importe peu ; — il n'y croit plus. Et quand il y croirait !...

— Elle ne pourrait pas être pire que celle-ci, pensa-t-il.

Comme il n'avait pas d'armes chez lui, il sortit pour s'en procurer.

Il passa sur le Pont-Neuf et eut envie de ne pas aller plus loin.

La Seine le tentait...

Il s'accouda sur le pont, et regarda passer l'eau. —

— Ce serait bientôt fait, — mais on souffre tant ! dit-il. — Ce sont des douleurs si atroces que celles d'un noyé !

— Je ne suis jamais allé à la Morgue, ajouta-t-il un moment après ; il faut pourtant que je la voie avant de mourir.

Et il se dirigea vers la Morgue.

Ce hideux et étroit réceptacle de ce que, chaque jour, le malheur fauche de misérables dans Paris, serra si convulsivement le cœur de Marcel, que les larmes lui en vinrent aux yeux.

Il s'approcha.

Trois cadavres étaient là, étendus devant lui sur des planches noires :

Un vieillard qui paraissait avoir été assassiné ;

Un homme noyé.

Et une jeune femme enceinte, morte par le poison, sans doute ; — car son corps était entièrement couvert de larges taches rousses et bleues.

Il y avait une quatrième planche noire qui paraissait attendre son fardeau.

— Ce sera peut-être la mienne.... pensa Marcel.

Il allait sortir de là pour se procurer des pistolets, quand on vint garnir la quatrième planche noire.

— Ah! la place est prise... dit-il. Il y a concurrence jusqu'ici. —

Il se rapprocha pour mieux voir le dernier arrivé. —

— C'était un homme grand et fort, à la peau blanche, à la barbe brune. — Sa figure paraissait avoir été contractée par la colère à sa dernière heure. — Sa bouche était ouverte et sa gorge toute pleine de sang.

— Encore?... murmura tout à coup Marcel en râlant d'un râle sourd et en s'appuyant contre la grille.

Il ferma les yeux.

Il venait de reconnaître le général Ovigi.

Des sergens de ville ayant trouvé, le matin,

ce cadavre dans la rue, l'avaient fait transpor-
ter là pour qu'on pût venir le réclamer.

Marcel sortit de la Morgue en chancelant,
se traîna comme il put jusqu'au café le plus
voisin, y entra et s'évanouit.

XXIII

Savez-vous à quoi elle s'occupa ce jour-là, la marquise? — Elle joua du piano et chanta quelques romances nouvelles. Puis, le soir, elle fit une brillante toilette pour aller voir, à la Porte-St-Martin, un nouveau drame qui faisait courir tout Paris.

Elle cherchait du drame, la malheureuse ! quand il s'en passait de sublime autour d'elle, quand elle en semait sur ses pas !

Vous voulez du drame, madame ?

Mais il fallait donc assister au duel de Marcel et de St.-Sévrin !

Il fallait donc vous cacher chez Marcel, pendant ces heures d'insomnie dont vous étiez cause !

Il fallait donc le regarder, le soir, quand il veillait sous vos fenêtres, muet de jalousie et d'amour !

Vous voulez du drame ?

Mais il fallait donc reconnaître Marcel, hier, quand il tomba évanoui sous votre balcon !

Il fallait le suivre quand, derrière le général Ovigi, il marchait à pas lents et un couteau ouvert dans la main !

Il fallait vous arrêter quand il s'arrêta...

Puis, ce matin, il fallait vous trouver avec eux à la Morgue !...

Vous voulez du drame? Et c'est sur les planches que vous le cherchez, quand vous en avez de si palpitans près de vous !.... — Mais vous êtes folle ! !

A la fin du premier acte, pendant que la toile était baissée, une conversation s'engagea dans la loge de madame de Rialto, entre elle, une jeune dame de ses amies, et le fils d'un ambassadeur qui les avait accompagnées toutes deux.

— Vous savez que le général Ovigi a été assassiné hier, pendant la nuit? dit la jeune dame.

— Oui, — on m'a appris cela ce matin, répondit froidement madame de Rialto, en dirigeant son lorgnon sur les loges en face.

— Qu'est-ce que c'était que le général Ovigi? demanda d'une voix flegmatique le fils d'ambassadeur.

— C'était un des généraux nommés dans la dernière guerre d'Espagne. Il était démissionnaire depuis juillet.

— Quel âge avait-il ?

— Il pouvait avoir maintenant de quarante à quarante - cinq ; — n'est - ce pas,
Élisa ?...

— Je crois que oui, répondit la marquise,
sans quitter son lorgnon.

— C'est affreux de mourir à cet âge-là, reprit la jeune dame ; — surtout quand on est
encore fort et robuste, comme l'était le général Ovigi !

— Oh !.. robuste ! jusqu'à un certain point,
dit la marquise.

S'apercevant de sa naïveté, elle continua :

— Il passait pour avoir fait beaucoup d'excès
dans sa jeunesse...

— Cela ne prouve rien, madame, dit le
jeune homme d'un ton patelin ; — il est cer-
taines constitutions qui ne s'usent jamais...

En prononçant ces derniers mots, il tâchait
de prendre une voix profonde pour prouver
en faveur de son tempérament, dont la vi-

gueur était malheureusement démentie par son menton sans barbe.

La marquise lui laissa tomber un demi-sourire. —

En cet instant, la toile se leva ; on fit silence.

XXIV

Cependant St-Sévrin n'était pas mort le jour même du combat.

On l'avait rapporté chez lui sans connaissance, il est vrai; mais le médecin avait déclaré que sa blessure le laisserait vivre quelques jours encore; ce qui était arrivé en effet.

Souvent pendant son agonie, le moribond avait eu envie de faire appeler Marcel, de l'embrasser dans une dernière étreinte et de lui pardonner avant de se coucher dans le tombeau ; mais l'amour-propre l'avait arrêté dans cette démarche, il avait craint un refus.

Un jour qu'il s'était senti un peu moins mal, il s'était fait donner une plume, du papier, de l'encre ; il avait écrit une lettre touchante, simple, religieuse, pleine de tristesse et de douleur ; — dernière parole d'un cœur autrefois joyeux et léger, assombri maintenant par la mort qu'il sentait venir.

Il y avait mis cette adresse :

« Monsieur Marcel, rue des Beaux-Arts, nº 27. »

Puis il l'avait cachetée avec une cire noire, et avait recommandé plusieurs fois expressément et avec instance qu'elle fût remise aussitôt qu'il aurait fermé les yeux.

Après cela, calme dans sa conscience, il s'était retourné d'un autre côté, ne pensant plus à rien, attendant son heure.

Un soir on remit une lettre à Marcel. Il faillit la déchirer sans la lire ; car c'était le quatrième jour après son crime qu'elle lui arrivait, et il avait le cœur et la tête trop brisés pour s'occuper de quelque chose.

Pourtant, parce que la lettre était cachetée en noir, il l'ouvrit.

Voici ce qu'il y lut :

« Paix à toi, ô mon ami !

» Moi je ne suis plus maintenant parmi les hommes. Dieu a voulu que je mourusse jeune et d'une mort fatale.

» J'aurais été heureux de te voir un instant assis près de mon lit de mort, de sentir ta main dans la mienne, de fermer ma bouche en t'embrassant. — Dieu ne l'a pas voulu.

» Je n'ai qu'un regret en mourant, c'est de laisser subsister dans ton cœur la mauvaise idée que tu as conçue de moi. Au reste, je le déclare solennellement ici, je préfère encore cela à une justification qui devrait compromettre une tête autre que la mienne.

» Le méchant seul, quand il ne tient plus à la vie, cherche à déraciner ceux qui y tiennent encore!...

» Tout ce qu'il m'importe que tu saches, tout ce que je veux te dire, c'est que je t'ai toujours aimé, c'est qu'à ce moment-ci je t'aime encore, quoique la mort me soit venue par toi.

» Ce que je veux te dire, c'est que j'ai oublié tout, c'est que je t'ai pardonné, et que je te demande une petite place au fond de ton souvenir.

» Paix à toi, ô mon ami ! »

St-Sévrin.

« Je t'ai laissé par testament ma montre, ma boîte de cigares, ma boîte de toilette, mon fusil et mes pistolets anglais; conserve-les bien long-temps. »

Dire l'impression que cette lettre fit sur Marcel serait une chose trop difficile pour que nous la tentions; analyser l'émotion qu'elle lui fit éprouver serait une chose impossible.

Tout ce qui s'était passé depuis plusieurs mois revint alors subitement à la pensée du pauvre jeune homme, et des larmes brûlantes, des larmes de sang, se firent jour et l'inondèrent.

Cette lettre avait rouvert toutes ses plaies. Son amour, son duel, son assassinat, lui bouillaient maintenant à la fois dans le cerveau. Il comprenait mieux que jamais l'horreur de sa position.

Néanmoins, tout malade, tout livide, tout impuissant qu'il était, il s'oublia un instant lui et sa misère, pour ne penser qu'à son ami, dont la générosité lui avait été révélée par la marquise elle-même. — Mais, à vrai dire, il n'avait plus en ce moment assez de forces pour sentir une peine profonde.

Quand un fleuve déborde, on pourrait y verser des torrens pendant des siècles, sans faire entrer dans son lit une seule goutte d'eau de plus.

Il courut à l'hôtel de St-Sévrin, et apprit que son ami était décédé depuis quelques heures. Alors il demanda à voir le corps; ce qui lui fut refusé, parce qu'on venait de le clouer dans sa bière.

Marcel voulut cependant donner à St-Sévrin une dernière preuve d'amitié devant le monde:

Il passa la nuit près de son cadavre.

XXV

Le lendemain au soir, un convoi partait de
la rue de la Paix pour se rendre au cimetière
Montmartre.

Suivaient plusieurs voitures habillées en
noir, pleines d'amis du défunt, aussi gais,
aussi facétieux qu'à leur ordinaire.

L'un parlait d'un dîner sompteux auquel il avait assisté la veille.

L'autre faisait part des espérances qu'on lui avait fait concevoir pour un poste qu'il sollicitait.

Celui-ci contait une chronique scandaleuse, qui avait fait bruit dans les salons.

Celui-là confiait tout bas à son voisin une bonne fortune récente.

Un autre proposait une spéculation qui devait rapporter des sommes énormes.

Chacun parlait de quoi que ce fût au monde. De tout, —

Excepté de celui qu'on emportait et qu'ils ne devaient jamais revoir. — De tout, —

Excepté de ce cadavre qui était près d'eux, et dont ils écartaient l'image, parce qu'elle leur disait : vanité et néant ! — De tout, —

Excepté de ce cercueil, où allait pourrir un corps qui était, il y a quelques jours, souple, jeune et beau, et qui en mourant avait demandé à mains jointes un peu de souvenir et quelques larmes, — tant la tombe est effrayante à cause de son oubli !...

Quel homme n'a pas, endormie sous le gazon, une tête qu'il a aimée de beaucoup d'amour, et dont pourtant l'image s'efface chaque jour de plus en plus, au milieu des pleurs et des joies, sans qu'il puisse s'opposer à cette déprédation de sa pensée ?

Au moins, puisque le temps est plus fort que nous, donnons aux morts le temps qu'il nous permet de leur consacrer, et n'affectons pas de vouloir marcher plus vite que lui, — pauvres êtres ! —

Parmi ceux qui suivaient le convoi de St-Sévrin, il n'était qu'un homme qui pleurât. — Aussi s'était-il enfermé seul dans une voiture, pour être à l'aise avec sa douleur, et ne pas se faire montrer au doigt.

Cet homme, pourtant, s'il eût été connu pour ce qu'il était, malgré la noblesse de son affliction, malgré la beauté de ses larmes, il aurait été jugé, par ceux qui l'entouraient, indigne de se mêler à d'autres hommes.

Car cet homme, devant la loi, c'était une proie dévolue au bourreau.

C'était Marcel...

On arriva.

Quand tout fut fini, quand une pellée de terre eut fait mugir la bière sourdement, comme une bête qui craint qu'on ne lui enlève sa proie; quand le prêtre eut prié pour une somme promise, chacun repartit, et le mort resta seul entre quelques planches.

Je me trompe. Il y avait encore près de lui un fossoyeur qui sifflait en comblant le vide...

Et Marcel, qui était à genoux et pleurait.

Puis, quand le fossoyeur eut fini, Marcel resta seul, toujours pleurant à genoux.

Le soir, une cloche sonna pour prévenir qu'on allait fermer.

Marcel n'entendit pas.

Plusieurs heures se passèrent pour lui dans

un calme muet, dans une extase de sa pensée.

— Quand il en sortit, la nuit était noire et profonde ; des nuées épaisses et basses voilaient le ciel ; l'ouragan criait à tue-tête dans tous les arbres du cimetière qu'il remuait comme des flots; les herbes agitées faisaient entendre à la surface des sépulcres, un léger bruit qui semblait un frisson des morts.

Marcel courut à la porte, elle était fermée... Ses cheveux se dressèrent sur son front.

Pâle, tremblant, atterré, il rechercha en tâtonnant la dernière demeure de son ami, et retomba à genoux avec des convulsions d'angoisses et de stupeur.

— St-Sévrin, criait-il, St-Sévrin ! Oh ! c'est donc moi qui t'ai mis là ! C'est donc moi qui t'ai tué ! St-Sévrin ! m'as-tu bien pardonné? dis ? — Oh ! si tu savais !... Ce n'est pas moi qui suis coupable, va! ce n'est pas moi !... Le sais-tu que ce n'est pas moi, dis?... Réponds-moi une parole, une seule ; — St-Sévrin !

Et par moment, l'ouragan parlait plus haut que lui, et quand la bouffée était passée, il reprenait :

— St-Sévrin, s'il est vrai que tu m'aies pardonné, oh ! une place, une étroite place près de toi ! — une part de cercueil à ton ami... à ton ami? non, à ton meurtrier. — Tu m'étrangleras avec tes mains froides, si tu veux, — peu m'importe! mais une place près de toi!...

En disant cela, il grattait avec ses ongles cette terre fraîchement remuée, qui cédait et se creusait sans peine.

— St-Sévrin, tu ne sais donc pas que j'ai assassiné un homme? tu ne sais donc pas? — Mon Dieu! mon Dieu! si tu pouvais m'entendre !..... Es-tu bien là-bas? dis? as-tu froid? La terre pèse-t-elle trop sur ta poitrine? veux-tu que je te sorte du tombeau?...

L'obscurité et l'ouragan excitant chez lui des émotions trop fortes, il délirait.

— Ah! est-ce que les vers te rongent déjà, pauvre St-Sévrin? — est-ce qu'ils sont entrés dans tes yeux et dans ta bouche? te font-ils bien mal?... attends, attends que je te délivre.....

Il creusait toujours.

Tout à coup une pluie battante inonda la terre, et en un instant le trou que faisait Marcel et où il était couché, se trouva plein d'eau. Glacé et brûlé à la fois par la fièvre, il se roula précipitamment sous un arbre pour se mettre à l'abri; et ses forces l'abandonnant tout-à-fait, il ne parla plus.

Et le lendemain, quand le fossoyeur, revenant à ses fosses, vit passer près de lui Marcel, les cheveux agglomérés ensemble, les vêtemens collés sur la peau et couverts de terre grasse, ruisselant de toutes parts, la figure pâle comme de la cire blanche, — il le prit pour un mort qui s'en allait, et il cessa de siffler jusqu'à ce que le fantôme fût hors du cimetière.

XXVI

Une nuit qu'il ne dormait pas, il chercha à
se distraire en parcourant plusieurs cahiers
écrits de sa main qui étaient ouverts sur son
bureau.

C'étaient quelques poésies qu'il avait faites
avec son cœur, et dont la lecture lui était tou-

jours douce, parce qu'elles lui rappelaient quelques dates de sa vie.

Il les relut toutes et souvent, et ses yeux se voilèrent, parce qu'il compara ses émotions d'alors à celle du moment présent.

Il en était quatre surtout qu'il mettait au-dessus des autres. Il les dévora plusieurs fois.

La première lui rappelait tant de choses! — C'étaient les premiers vers qu'il avait faits. Il les avait faits à seize ans en voyant pleurer une toute petite fille sur les genoux de sa mère. La vue de ce jeune être, souffrant déjà, lui avait révélé tout à coup la vie, et il avait écrit ce qui suit:

Console-toi, pauvre petite!
Console-toi, sèche tes pleurs;
Chasse la peine qui t'agite:
Va, l'enfance passe trop vite
Pour la noyer dans les douleurs!

Sur ta bouche que le sourire
Revienne doux et gracieux !
Dans tes yeux noirs que l'on admire,
Oh ! laisse qu'on puisse encor lire
Ta jeune vie aux bonds joyeux !

Ne mouille pas ta chevelure
Des larmes que tu vas versant ;
Laisse toujours qu'à l'aventure
Elle glisse sur ta figure,
Et voile aux yeux ton sein naissant !

Crois-moi, sur ta paupière humide
Passe un instant tes petits doigts ;
Que ton joli front se déride ;
Que ta bouche, toujours rapide,
Baise, et parle et rie à la fois !

Dis, que veux-tu qui te console ?
Une fleur ? un oiseau chantant ?
Un petit papillon qui vole ?
Une histoire joyeuse et folle
Que les sorciers s'en vont contant ?

Si tu savais ! — c'est à ton âge
Qu'on coule les plus heureux jours ;
Plus on avance en ce voyage,
Et plus s'amoncèle l'orage,
Et la peine augmente toujours !

Oh ! tu verras ! — Quand sur ta tête
Dix-huit printemps auront germé,
A l'âge où la vierge inquiète
Voudrait ne voir que rire et fête,
Que bonheur, sur ses pas semé !

Tu verras ! — tu sauras connaître
Ce que la vie a de plaisir ;
Et ta bouche dira peut-être :
Valait-il la peine de naître,
Pour n'avoir ici qu'à souffrir ?

Puis, remontant à ton enfance
Écoulée en si peu pour toi,
A ces jours purs de l'innocence,
Où l'esprit, jeune en espérance,
Ne connaît pas encor l'effroi.

Repassant cet âge en idée,
Rêveuse et triste à notre insu,
De ce souvenir obsédée,
Et de pleurs tardifs inondée,
Tu te diras : — Si j'avais su !....

Console-toi, pauvre petite !
Console-toi, sèche tes pleurs ;
Chasse la peine qui t'agite :
Va, l'enfance passe trop vite
Pour la noyer dans les douleurs !

La seconde ; écrite à seize ans aussi, le remuait bien davantage ; c'était une hymne sur
la mort de son père, le seul ami qu'il avait eu.

La voici :

Et maintenant qui m'aimera ?
Qui viendra me presser aux jours de ma tristesse ?
Qui protégera ma faiblesse ?
Et quand je pleurerai qui me consolera ?

Qui couvrira de fleurs les ronces de ma vie,
Et pour guider mes pas me prêtera sa main ?
Qui fera reverdir ma jeunesse flétrie ,
Et qui dissipera la nuit de mon chemin ?

Quels bras m'entoureront dans mes jours de victoire ?
Quel souris me paiera le prix de mes sueurs ?
Qui fera désormais que j'aime encor la gloire,
Puisque toi, mon père, tu meurs ?

Oh ! comme il m'était doux d'appuyer ta vieillesse ,
De modeler mes pas sur tes pas chancelans,
De lire dans tes yeux, d'apprendre ta sagesse
Tout en passant mes doigts parmi tes cheveux blancs !

Que j'aimais, sur le soir, quand ta voix solennelle,
A mes sens étonnés dévoilant l'avenir,
Me parlait hautement d'une vie éternelle,
Où le Seigneur à nous viendra se réunir !

Souvent mon doute impie excitait ton sourire :
Pauvre enfant, disais-tu, va, tu croiras un jour !
Avec tes jeunes ans finira ton délire.
— La vieillesse a besoin d'espérance et d'amour !

J'aimais, quand, me contant l'histoire de ta vie,
Souvent auprès de toi tu me faisais asseoir,
Ou bien, quand à genoux et l'âme recueillie,
Tu murmurais tout bas ta prière du soir !

Pauvre père ! Il n'est plus ! — Il ne peut plus m'entendre !
Mes pleurs mouillent en vain sa couche de repos !
Non , jamais mes sanglots n'éveilleront sa cendre :
    Dans la tombe il n'est plus d'échos ! —

Non, je ne verrai plus sa bouche me sourire,
Ses bras pour m'embrasser ne se rouvriront plus ;
Et quand son nom viendra résonner sur ma lyre,
Jamais, par lui, mes chants ne seront entendus !

Et pendant que més yeux fixeront la lumière,
Et que je poursuivrai les rêves qui m'ont fui,
Les vers, dans le tombeau, vivront de sa poussière
Et ne laisseront rien de lui !....

Rien de lui ! — Mais qu'est donc ce qu'il nommait son âme,
Asile ouvert toujours aux cris des malheureux ?
Qu'est donc cet avenir que tout homme proclame,
Et cet espoir serein qui riait dans ses yeux ?

A quoi donc a servi cette pitié si tendre ?
Que sont donc les vertus, les lois qu'il cultivait ?
Si tout après sa mort doit retourner en cendre,
Où donc est, dites-moi, le Dieu qu'il adorait ?

Mais en est-il des Dieux ? est-il une justice
Qui préside d'en haut aux destins des mortels ?
Non, non, car l'univers est l'œuvre d'un caprice,
Et l'homme élève en vain ses stupides autels !

Mon père, éclaire-moi, car je suis dans l'abîme ;
Si tout ne périt pas, — mon père, éclaire-moi !
Prends pitié de ton fils comme d'une victime,
Et viens pour rallumer le flambeau de sa foi !

Souvent j'irai rêver sur le bord de ta tombe;
J'irai parler encor avec ton souvenir:
Alors tu me diras que le corps seul succombe,
    Que l'âme ne doit pas finir !

Et moi je pleurerai de la nuit à l'aurore ,
Jusqu'à l'heure où celui qui nous compte nos jours,
    Me dira : Meurs, — pour vivre encore ,
Pour retrouver ton père et le garder toujours !

En voici une troisième inspirée par les dégoûts qui assaillent tout jeune homme de talent, à son début dans le monde. Nous citons cette pièce avec d'autant plus de plaisir, qu'elle peint à elle seule le caractère de Marcel déjà fier et indomptable à dix-sept ans. — Certes, Byron n'a parlé ni plus haut ni mieux à ses critiques *d'Édimbourg*.

C'est le génie qui se sent et se roidit.

Des hommes d'aujourd'hui je ne suis pas le frère ,
Car j'ai de la vertu reçu le signe austère ,

Car, lorsqu'ils font le mal, je me cache loin d'eux,
Et quand leur folle voix travaille à me séduire,
Je brise sur leurs fronts leur masque, et les fais luire
    Tels qu'ils sont : — tout hideux !

Aussi, jetant sur moi leur mépris et leur rage,
Semant d'écueils nombreux mon pénible voyage,
Sous leurs sourdes clameurs ils étouffent ma voix ;
— Et quand je veux parler, aucun d'eux ne m'écoute,
Et moi, tranquillement, je suis encor ma route
    En me disant : — Une autre fois !

Ah ! vous m'avez donc pris pour une âme ordinaire,
Vous tous qui me souillez avec votre poussière,
Qui m'appelez tout haut le roi des insensés !
Eh bien ! deux jours encor, je me ferai connaître,
Sous votre vrai soleil je vous faire paraître ;
    Vous serez tous récompensés !

Vous voudriez, prévoyant mon avenir de gloire,
M'effacer à jamais des pages de l'histoire
Avant que je me sois fait chêne, — d'arbrisseau.
— Vous n'y parviendrez pas, c'est moi qui vous le jure,
Moi qui bien mieux que vous sens quelle est ma nature,
    Moi qui suis Hercule au berceau !

En vain de vos serpens vous entourez ma tête,
En vain vous appelez ma mort comme une fête,

En vain vous m'accablez de votre long courroux.
— Je ris, et je me dis : — Le jour, l'heure s'avance
Où mon nom seul sur eux couchant son poids immense,
    Ils vont se voir écrasés tous !

Pauvres gens ! qui voulez disputer son domaine
Au lion jeune encor ! craignez au moins sa haine !
Un jour, — ce jour est proche ; — il sera votre roi !
Ainsi ne venez pas allumer ma colère,
Passez tranquillement auprès de ma tannière,
    Sans venir lutter avec moi !

Voyez-vous quelquefois le passereau timide
Attaquer dans son nid l'aigle à la serre avide,
Ou la faible alouette insulter le vautour ?
Voyez-vous le vil bouc au taureau faire injure ?
Non ? — Alors, restez donc dans votre nuit obscure,
    Et ne me rôdez pas autour !

Je suis aigle ! je suis loin des lieux où vous êtes !
Courir les cieux, fixer les soleils sont mes fêtes !
Monter à ne plus être aperçu des mortels,
C'est là ce que je veux ! — Voler plus haut encore,
Plus haut, — toujours plus haut, jusqu'au nid de l'aurore,
    Voilà mes plaisirs éternels !

Cessez donc de crier après moi, vils esclaves !
— Dormez, dormez toujours couchés sous vos entraves,

Puisque vous ne pouvez me suivre dans les cieux !
En vain vous tenteriez de vous faire des ailes,
Vous placeriez encor mille rocs en échelles,
    Que vous ne me suivriez pas mieux !

Bientôt vous me verrez, fils aîné du génie !
Présider le festin des dieux de l'harmonie ;
Le monde, devant moi, se couchera béant,
Et recueillant mes chants dans un morne silence,
Dira, jetant bien loin l'ordinaire balance :
    — On ne pèse pas un géant !

La quatrième avait été écrite dans une heure de désenchantement sur l'amour.—Oh! comme elle devait être ulcérée, l'âme qui à dix-neuf ans s'était trouvée capable de sentir et d'exprimer avec une telle amertume !

« Venez. — Là, regardez ; voyez-vous cette femme
» Assise, blanche et belle aux lueurs de la flamme ?
» Oh! dites, dites-moi si jamais ici-bas
» Une femme pareille a brillé sur vos pas ?
» Voyez ! — apprenez-moi le nom qu'il faut qu'on donne
» A cet ange ! parlez ; — est-il une couronne
» Assez belle pour elle et pour son chaste front ?
» — J'ai peur en l'admirant de lui faire un affront.....

» O Raphaël ! combien ta touche était grossière !
» Que tes pinceaux avaient de boue et de poussière !
» Que ton génie était petit, quand de ton sein,
» D'un ange en un papier tu jetais le dessin !
» Oh ! qui ne donnerait sans regret, sans envie,
» Avec profusion tous les ans de sa vie,
» Et ne dirait encor en s'éteignant : — Merci !
» Pour être une heure aux pieds de celle que voici !
» Voyez donc. Est-ce bien un être de la terre ?
» Dites, répondez-moi, si c'était un mystère ! —
» Une fille du ciel, mise au milieu de nous,
» Pour nous faire plier plus bas les deux genoux !

» Non, non, — car elle pleure !.... Ah ! si douce et si belle,
» Quel peut être le mal qui se penche sur elle ?
» Mais qu'a-t-elle donc fait, cet ange, pour souffrir,
» Et pour verser des pleurs qui la feront flétrir ?
» — Qu'elle est triste ! Voyez, — sa paupière abaissée,
» Elle semble garder et suivre une pensée
» Qui lui pèse ; on dirait un triste souvenir
» Qui lui présage encore un malheur à venir !
» Ses cheveux longs et blonds, que nul lien n'enchaîne,
» Pendent sur son beau cou qu'ils effleurent à peine ;
» Sa tête vers sa main se courbe sans effort :
» Ainsi faite, on dirait une Sainte qui dort,
» Si quelques pleurs brûlans, tombant par intervalle,
» Ne se mêlaient au bruit que sa poitrine exhale !

» Laissez-moi, laissez-moi me coucher à ses pieds ;
» Je veux que sous mes mains ses pleurs soient essuyés ;
» Je veux la consoler et qu'elle me sourie,
» Et près d'elle rester comme un enfant qui prie ! »

— O jeune homme abusé qui n'a jamais appris
A peser une femme à son plus juste prix !
Toi dont l'esprit bouillant ne voit encor en elle
Qu'une création éblouissamment belle ,
Faite pour nous ravir la pensée et les yeux,
Et tracer sur nos pas un sillon radieux ;
Arrête , arrête un peu , ton extase est trop grande ;
Porte ailleurs de ton cœur la pure et chaste offrande ,
Ou plutôt garde-la pour toi , — car ici-bas
Ce qui brille le plus ne la mérite pas ! —
Trop jeune, tu n'as pas mesuré l'existence,
Tu ne sais pas le fond de toute jouissance ;
Tout est brillant pour toi. — La femme est un soleil
Plus riant et plus beau que l'autre à son réveil !
Près d'elle tu ne vois que délire, que fête,
Nulle fleur assez belle à couronner sa tête,
Un regard, un souris, t'emplissent tout un jour,
Et tu ne sais rêver près d'elle que d'amour ! —

Enfant , qui n'as pas su d'une haleine hardie
Dès sa première atteinte étouffer l'incendie ;
Enfant , qui n'a pas su plonger les yeux au fond ,
Va , garde encor la joie assise sur ton front !
Non , non , je ne veux pas désenchanter ton rêve ,
Je ne veux pas percer cette ombre avec mon glaive ;
Assez tôt devant toi tu la verras s'enfuir ;
Garde-la jusqu'au jour qui doit l'évanouir.

De quel droit, moi, poussé dans le fond de l'abime,
Sur tes illusions passerai-je ma lime ?

De quel droit, déchirant sur tes yeux ton bandeau,
Viendrai-je encore grossir le poids de ton fardeau?
Rêve, rêve toujours; — crois la femme une idole
A te dorer la vie avec une auréole;
Prends-la pour une étoile au milieu de ta nuit,
Pour un ange d'amour dont la main te conduit,
Jusqu'au jour où ton œil, pénétrant sous la nue,
Tu la verras surgir devant toi toute nue; —
Jusqu'au jour où sondant sa honte et sa noirceur,
Tu rougiras enfin de l'appeler ta sœur!

Celle qu'ici tu crois si noble et si parfaite,
Et qui de la vertu te semble atteindre au faîte,
Sais-tu bien ce qu'elle est? — Sais-tu ce qu'elle vaut,
Celle que ta voix vient de nous peindre si haut?
C'est un être exilé que du monde on repousse,
Un être que chacun à l'envi éclabousse,
Indigne de venir se mêler parmi nous,
Et qu'on ne souffrirait pas même à ses genoux!
C'est une femme usée et faite à l'infamie,
Qui nulle part ne peut trouver une âme amie,
Jusqu'aux moindres replis, pleine d'ombre et de fiel,
N'osant qu'avec effroi tourner l'œil vers le ciel; —
C'est une femme enfin que le vice a tuée;
Une femme perdue, — une prostituée!!

———

Comme on le voit, ces quatre poésies, à

elles seules , résument toute la vie de Marcel;
voilà pourquoi il les préférait , voilà pourquoi
il ne conserva qu'elles et brûla toutes les
autres.

XXVII

Ce fut probablement cette même nuit qu'il
écrivit le fragment suivant :

« ...Maintenant c'est fini.... Les événemens
joyeux ou mauvais, les émotions fraîches ou
terribles de ma vie, ne sont plus que dans mon
souvenir ; — les chants qu'ils m'avaient inspi-

rés sont morts comme eux.... N'y pensons plus.

Aussi bien, à quoi m'auraient servi ces vers? — à mourir de faim comme Malfilâtre, — de folie comme Gilbert, — ou de poison comme Chatterton. — Encore, qui sait? — Le peu de gloire qu'ont eue ces jeunes hommes, je ne l'aurais peut-être même pas eue, moi!

— De la gloire?... Oh! si, si, j'en aurais eue, et beaucoup! J'aurais été plus haut que les autres de toute la tête; — mais, pour cela, il eût fallu que je fusse aimé!

Oh! que n'aurais-je pas fait, si j'avais eu des yeux où mirer les miens, — un sein où laisser tomber mon front, — une âme où semer mes rêves?...

Mon Dieu! sentir tout ce que j'aurais pu être, et mourir! — C'est bien affreux!

Non. — Napoléon, Byron, ces deux têtes de l'humanité moderne, n'auraient pas été plus que moi, si une voix de femme m'avait dit : — je t'aime! Si une voix de femme m'a-

vait dit : — sois grand ! — Oh ! j'aurais re-
mué le monde, j'aurais peut-être été dieu....
comme Jésus. — Et au lieu de cela , je suis
seul, petit, inconnu , à l'étroit dans l'espace
qui m'est marqué ; — au lieu de cela , je n'ai
pas assez d'air pour mes poumons , — pas assez d'air pour mes ailes... au lieu de cela,
— ah ! j'oubliais ; — au lieu de cela, je suis
assassin!... C'est bien!.....

. . . .

Pourtant, j'avais l'âme bonne, moi ! Enfant,
je partageais mon pain avec les pauvres ; —
jeune homme, j'usais mon cœur à plaindre
les malheureux ; — je souffrais de leurs souffrances ; — j'étais doux, j'étais religieux , —
j'étais croyant. — Homme, j'aurais été ,....
Pourquoi donc ne suis-je qu'un vil assassin ?
Pourquoi ?

. . . .

Ce n'est pas moi qui suis coupable, ô mon

Dieu ! n'est-ce pas ? Ce n'est pas sur moi que retombera le sang un jour ? ce n'est pas sur moi ? — Vous savez bien que j'étais vertueux ! vous savez bien qu'on m'a poussé au crime, — qu'on m'a fait devenir aveugle, — qu'on m'a rendu fou ?... vous le savez bien ?...

. . . .

Comme ma tête brûle ! — Si j'avais un peu de glace ! — De l'eau ! de l'eau ! —

— Décidément, j'y pense... Il vaudrait peut-être mieux me noyer que me brûler la cervelle ; — cela me rafraîchirait un peu.... Ah ! ah ! ah !....

. . . .

Oh ! mais.... Est-ce que cela va se passer ainsi ? — C'est impossible. — Comment ? une femme m'aura pris le cœur à deux mains, me l'aura tordu jusqu'à ce qu'il n'y ait plus eu une goutte de sang, — puis l'aura jeté au loin, et tout sera dit ! — Allons donc ! cela ne peut pas être.

Comment ! — Une femme, parce que je l'aimais, — m'aura poussé sur la route de l'échafaud, et je ne me vengerai pas ! —

. . . .

Oh, non ! — non, je ne veux pas me venger d'elle, moi ! — Non, pauvre femme ! car je t'aime encore, va ! Oh, oui ! je t'aime plus que jamais ! Jamais tu ne m'es apparue plus ravissante dans mes rêves ! — Depuis que le crime s'est jeté entre nous deux, il me semble que je te vois plus belle, au travers... Ah ! s'il ne fallait que commettre encore des crimes pour que tu fusses à moi !..

. . . .

Je te veux, vois-tu ; je te veux ! — Mon sang brûle, ma tête brûle, mon âme brûle ; — ton image est partout.... Je te vois partout entre deux cadavres... Je te veux, — je te dis que je te veux.... Oh ! je n'aurai pas joué ma vie pour rien ! je n'aurai pas perdu mon avenir pour être repoussé par toi ! — Il faudra que tu me paies tout cela, que tu me donnes le prix du sang versé ; — et ce prix, ce salaire qu'il me faut, c'est toi, entends-tu bien ? c'est toi !...

Il faudra que tu m'accables de baisers aigres et incisifs, de caresses chaudes comme du feu ;... il faudra que j'oublie tout dans tes bras !

Il faudra que tu sois à moi !

Oui, oui, à moi ; entends-tu bien ? A moi, morte ou vive ! Tu seras à moi !.. à moi !

Tu verras alors si je sais aimer ! Tu verras comme tu as eu tort de repousser une passion semblable ! tu verras !.... Je veux qu'en une seule nuit mon amour te ronge, — qu'il te tue ! — Oh ! tu te croiras au ciel, car je serai dieu !...

. . . .

J'ai peur de devenir fou ! — Je le suis déjà,
— peut-être...

Bah ! — une balle de pistolet me guérira
bien vite ; mais avant... oui avant, il faut que
madame de Rialto soit à moi. — »

Il serait inutile, lecteur, de chercher ici à
rendre compte de l'état moral de Marcel ; ces
quelques lignes vous l'ont assez exprimé, sans
doute.

Ce que nous devons dire, c'est qu'à dater
de cette nuit, il se calma de jour en jour davantage. Ses yeux redevinrent brillans, sa
peau se détendit, et fut de nouveau souple et
blanche ; — parfois il eut même un sourire sur
les lèvres...

XXVIII

Janvier était arrivé.

Il y avait donc quatre mois à peu près que tous les événemens racontés plus haut s'étaient passés. Le général Ovigi et St-Sévrin étaient profondément oubliés de tout le monde, même de Marcel, qui avait fini par s'habituer au remords comme à un vêtement, — ou du moins, par l'endormir et le bercer.

Un malheureux homme, accusé de l'assassinat du général avait été condamné à mort, parce qu'il faut bien que la bête féroce qu'on appelle société, ait une proie ; — n'importe laquelle, pourvu que c'en soit une ; — parce qu'il faut bien que la justice et le bourreau travaillent ; — sur des innocens ou sur des coupables, n'importe, — pourvu qu'on les paie !

Marcel avait suivi les débats de cette affaire. Il avait été vingt fois sur le point de faire éclater l'innocence du malheureux prévenu, en s'accusant lui-même ; vingt fois, n'eût-ce été que pour confondre l'impudence de ces témoins qui ont toujours tout vu, ou l'effronterie de ces juges qui distinguent partout la main du crime ; — vingt fois il avait eu envie de se lever et de dire aux uns et aux autres : vous mentez ; — car le coupable, c'est moi... Pourtant il ne l'avait pas fait. —

Le jour de l'exécution, il avait voulu être présent aussi.

Certes, ce fut une émotion neuve et dramatique celle qu'éprouva Marcel en ce moment.

Il était là avec sa figure douce, avec son extérieur simple et candide, lui qui avait couché deux hommes au tombeau, lui qui avait les mains teintes de deux sangs et qui commettait encore un meurtre à cette heure, en laissant mourir un homme pour un crime dont il était l'auteur, lui.

Le malheureux condamné poussait des hurlemens à déchirer l'âme. — Je suis innocent ! criait-il, je suis innocent ! — Et la seule réponse qu'il entendît était le piétinement des chevaux qui écartaient le peuple, — quelques paroles latines que lui débitait un prêtre, — un murmure d'impatience qui courait sur la foule, — et le bruit sourd d'une bière qu'on montait sur l'échafaud.

— Je suis innocent ! criait-il plus fort.

— Le lâche! disait un homme, il a peur!

— Oh! comme il tremble sur ses jambes! ajoutait une vieille femme.

— Un peu c'te mine de moutard! criait un gamin.

— Il est courbé comme Mayeux, reprenait un autre.

Chacun disait son mot toutes les fois que le pauvre homme criait; Marcel seul ne disait rien. — Il maudissait ceux qui parlaient près de lui, comme si chacune de ces paroles avait dû retarder l'exécution d'un siècle; — car il lui tardait que tout fût fini.

Tant que le patient vivait, il tremblait que la vérité ne fût reconnue et qu'on ne vînt le chercher lui, le vrai coupable, pour le conduire à l'échafaud à la place de l'innocent. — Ce n'était pourtant pas la mort que craignait Marcel; mais, nous l'avons dit, il avait un espoir....

Quand le condamné fut monté, quand on

l'eut étendu sur la planche et que son cou fut enchâssé dans la lucarne fatale, Marcel respira.

— Bon! dit-il.

Le couteau glissa....

— Ah!... fit Marcel. Il porta involontairement ses mains à ses yeux et se laissa tomber sur un portefaix qui le repoussa rudement, en lui disant :

— Allons donc! tiens-toi donc sur tes quilles, s.... chiant-lit!

Il était si pâle, si défait, que tous ceux qui étaient près de lui en avaient peur et disaient : — Il est plus blanc que l'autre. — Et Marcel murmurait en lui-même : — Maintenant, je l'aurai....

Au moment où nous sommes, il y avait déjà quinze jours que cette scène s'était passée. Marcel l'avait oubliée comme le reste, absorbé qu'il était par une idée fixe.

Un soir, il rentra chez lui plus défait encore qu'à l'ordinaire; son air était agité, son œil rouge, son front fauve. — Il demeura trois heures de suite les bras croisés, la tête basse, sans mouvement.

Puis il fit sa toilette avec un grand soin, chose qui ne lui était jamais arrivée depuis ses malheurs. Il passa plusieurs quarts d'heure à tracer artistement la tresse de ses cheveux, qu'il portait à la Périnet-Leclerc depuis quelques jours, — à faire gracieusement retomber le col de sa chemise sur sa cravate, — à brosser ses ongles, etc. Quand tout cela fut fait, il se regarda tristement dans la glace, passa son foulard sur son chapeau et partit.

Quelques minutes après, il était dans la rue de la marquise.

Il porta ses mains à son cœur, car il sentit la respiration lui manquer tout à coup; il s'appuya contre la muraille et il écouta.

Il faut savoir que ce soir-là madame de Rialto donnait un grand dîner où étaient invitées toutes les supériorités artistes et aristocratiques de Paris. — Les convives étaient extraordinairement joyeux; car chacun faisant des frais d'esprit, on était content de soi et des autres. Plusieurs jeunes femmes, délicieuses par leur beauté et leur toilette, contribuaient encore aux plaisirs de cette soirée, qu'elles complétaient, pour ainsi dire, comme une couronne de fleurs sur une belle chevelure de jeune fille.

Le dîner fini, on était passé au salon, on avait pris le café, et après quelques instans, pendant que les vieillards digéraient béans sur de moelleux fauteuils, pendant que les jeunes gens se tenaient debout, distribuant quelques regards çà et là, — une ravissante variation de Hertz, exécutée par madame de Rialto, était venue arracher les uns et les autres à cette apathie involontaire qu'on éprouve toujours après un repas, et on était devenu tout oréille.

C'est au même moment que, dans la rue, Marcel s'était appuyé contre une muraille pour écouter.

Marcel, qui, comme nous l'avons déjà dit, ne supportait la vie que dans l'espoir de jouir de madame de Rialto un jour ou l'autre, de gré ou de force, — Marcel avait guetté toutes les occasions d'assouvir sa passion; mais il n'en avait trouvé aucunes de favorables encore, quand il avait appris ce jour-là que madame de Rialto donnait le soir même un grand dîner. Alors la fougue de son sang s'était réveillée; il s'était redit : — Morte ou vive, elle sera à moi; — je l'aurai.... Et il était venu à la porte de la marquise.

Cette variation de Hertz qu'elle jouait en ce moment, il se rappelait la lui avoir entendu déjà jouer une autre fois; voilà pourquoi il avait été si ému.

Une larme roula dans son œil : il la dévora, se redressa, et attendit.

La porte de la marquise lui étant interdite, il ne savait comment faire pour arriver jusqu'à elle; il avait résolu pourtant qu'il entrerait; il avait dit : — Je veux, et quand il avait dit je veux, cela devait être.

Pendant qu'il attendait, une belle voiture peinte en vert s'était arrêtée près de lui. Une jeune femme vêtue en blanc en était descendue, et, appuyée sur le bras d'un élégant jeune homme, elle était entrée dans la cour de l'hôtel de la marquise. — Marcel la suivit.

A la porte du salon, un domestique annonça: — Madame la baronne de Laplace! et la porte du salon se referma. — Marcel, que le domestique n'avait pas regardé, parce qu'il l'avait supposé accompagner la baronne, — Marcel était entré aussi.

Quant à la marquise de Rialto, comme elle chantait alors un récitatif du comte Ory, elle n'avait pas pris garde aux nouveaux arrivans ; mais aussitôt qu'elle eut fini, elle courut à la baronne de Laplace qu'elle accabla de ces mille politesses dont s'accablent si bien entre elles les femmes du monde.

Elles causaient toutes deux les mains dans les mains, lorsque la marquise, en levant les yeux, aperçut debout contre la cheminée, les yeux fixés sur elle, la tête un peu inclinée, un jeune homme dont la figure était presque à la fois pâle et rouge, triste et joyeuse, — Marcel. Elle demeura ébahie. — Elle parlait, et pourtant elle n'acheva pas sa phrase; elle devint rouge jusqu'au blanc des yeux, mais se remit bien vite néanmoins et dissimula.

— Comment! vous ici, monsieur Marcel! dit-elle d'un ton aimable; mais vraiment je n'espérais plus vous revoir!...

— Vous êtes mille fois trop bonne, madame; — j'espérais, — moi.

— Voilà énormément de temps qu'on ne vous a vu : vous avez fait le précieux presque autant qu'une jolie femme.

Marcel avait envie de répondre quelque chose de foudroyant qui, compris d'elle seule, l'atterrât; mais il craignit de dévoiler ainsi sa pensée, et préféra dire quelques mots froidement polis, tels que ceux-ci :

— Je n'ai sûrement pas été précieux autant

que vous êtes belle, madame; ce serait impossible.

— Merci. C'est très-galant.

Marcel sourit et fit quelques pas dans le
salon.

—Qu'est-ce que c'est que ce jeune homme?
dit la baronne de Laplace : il est très-bien !

— Vous trouvez ?...

— Mais oui.

— C'est un jeune poète qui m'a été présenté
par M. de St-Sévrin l'hiver passé.

— M. de St-Sévrin, celui qui a été tué en
duel?

— Oui, madame. — Et la marquise se leva
pour aller recevoir quelqu'un qu'on annonçait
en ce moment.

La soirée se passa comme toutes les autres
soirées, c'est-à-dire que les uns s'y amusèrent
beaucoup, et que d'autres s'y ennuyèrent à
mourir.

Marcel, lui, attendait impatiemment qu'on
servît le thé. — Chaque fois que la porte du

salon s'ouvrait, il regardait avidement, imagi-
nant que son vœu était exaucé. Au sourire de
déception qui se peignait chaque fois sur son
visage, on eût pu croire qu'il souffrait de l'ab-
sence d'une personne impatiemment attendue;
mais c'était bien autre chose que cela, vraiment! — Encore une fois ce qu'il désirait, c'é-
tait le thé.

Ce n'est pas qu'il aimât passionnément cette
boisson anglo-chinoise; non, certes. Il en faisait
souvent usage il est vrai, mais par habitude et
par ton plutôt que par goût. — Pourquoi donc
ce soir la désirait-il avec tant d'ardeur? —
Attendez.

A onze heures enfin un domestique vint
déposer sur une table chargée de pâtisseries
une élégante théïère bronzée, qu'on entendait bouillir. Marcel se sentit défaillir à cette
vue. — Quelqu'un qui l'eût observé tant soit
peu se fût aisément aperçu que pour ce jeune
homme allait sonner l'heure la plus importante de sa vie peut-être; car cela était vrai...

. . . .

— Voulez-vous du thé? dit la marquise à Marcel.

— Avec plaisir, madame.

Tout le monde étant servi, madame de Rialto en emplit pour elle une tasse à laquelle elle goûta et qu'elle déposa dans un coin de la cheminée.

Marcel observait.

Madame de Rialto s'étant mise au piano, Marcel se rapprocha de la cheminée. — Il avait dans sa main une toute petite fiole qu'on ne voyait pas; — il prit la tasse de la marquise comme si c'eût été la sienne propre, — la combla de sucre, — y vida ce que contenait sa fiole, — remua, — replaça la tasse, — et vint s'asseoir tremblant et pâle derrière la marquise, qui jouait en ce moment la marche funèbre de la *Muette de Portici*.

La marquise s'étant levée, Marcel observa.

. . . .

—Qui veut du thé?

—Moi, madame, si vous voulez bien, dit Marcel.

—Tenez....

— Et vous?... reprit Marcel d'une voix stridente.

—Ah! j'ai encore ma tasse toute pleine, je crois. Voulez-vous me l'apporter?

— Volontiers, madame; où est-elle?...

— Sur le piano, je pense.

— Je ne crois pas; — il me semblait....

—Ah! sur la cheminée, vous avez raison; je suis folle!...

Marcel la lui présentait déjà. — Sa main tremblait. — La marquise n'y prit pas garde, et porta la tasse à ses lèvres. — Marcel se détourna....

—Dieu! qu'il est doux!... j'y ai mis beau-

coup trop de sucre.... dit madame de Rialto
en y ajoutant de la crême.

Marcel était allé s'asseoir, parce qu'il n'a-
vait plus la force de se tenir droit, et n'y
voyait plus.

XXIX.

Il était une heure du matin, et tout le
monde s'était retiré, — excepté Marcel ; car il
faut s'expliquer maintenant.

Du jour où Marcel avait juré que madame
de Rialto serait à lui, il avait dû chercher un
moyen de vaincre sa volonté de femme, et ce

moyen il l'avait trouvé : — c'était l'opium…. C'était de l'opium que vous l'avez vu verser tout à l'heure dans le thé de la marquise. Aussitôt son coup fait, pendant que l'attention générale était portée ailleurs, il avait pénétré dans la chambre à coucher de madame de Rialto, qui était au bout du salon, et s'était étendu à plat-ventre sous le lit, respirant à peine. — Qu'on se mette à sa place un instant, pour tâcher d'éprouver ce qu'il dut sentir pendant une heure entière qui s'écoula encore avant la clôture de la soirée.

Enfin tout cela était passé. — Les convives étaient partis ; la marquise dormait depuis quelque temps, et il était une heure du matin quand Marcel se releva, la tête brûlée.

Il écouta ; — elle dormait profondément. Une veilleuse allemande répandait dans la chambre une clarté faible et douce qui effrayait presque Marcel, tant le moment était grave pour lui! — Nous renonçons à rendre compte de ses sensations, parce que nous ne le pourrions pas.

Il était debout, — derrière les rideaux du lit, comme s'il avait craint d'être vu, — la tête droite, — les cheveux en désordre, — les deux mains en l'air, semblable à un homme absorbé dans une attention craintive; — ses sourcils n'avaient pas la force de se plisser, — sa bouche était entr'ouverte, — et il écoutait toujours.

La respiration faible et longue de la dormeuse, le mouvement d'une pendule, et le bruit que faisait le cœur de Marcel dans sa poitrine, étaient tout ce qu'on entendait en ce moment.

Marcel aurait voulu avancer vers la marquise; il ne le pouvait pas, il était cloué. —

A la fin cependant il parvint à surmonter son émotion; il fit un pas et la vit....

Sa belle tête, qu'éclairait un reflet de la veilleuse, était gracieusement inclinée sur un

oreiller qui n'était pas aussi blanc qu'elle ;
— ses yeux, doucement fermés, ainsi que ses
lèvres, donnaient à sa physionomie quelque
chose de grave et de solennel, qui ajoutait
encore à sa beauté. — Certes, l'homme qui, à
la vue de cette jeune femme endormie, n'aurait pas senti remuer en lui du génie, c'est
qu'il n'était pas né pour en avoir.

Marcel, lui, ne put faire autre chose que
s'agenouiller. —

Il s'agenouilla, joignit les mains, ce qu'il
n'avait pas fait depuis bien long-temps, pencha sa tête en avant pour mieux voir, et demeura dans une contemplation extatique, profonde, immense, sublime. — Il ne pouvait
pas croire que ce fût là cette femme dont la
main l'avait si rudement poussé dans la voie
du malheur ; — il imaginait qu'il avait rêvé
jusqu'à ce jour ; — il imaginait être au ciel
près de la mère de Dieu !..... Et il regardait.

Mais une idée ayant traversé subitement sa pensée, il se releva en sursaut, les mains fermées avec colère, les dents serrées, l'œil hagard; — et il s'approcha brusquement du lit qu'il découvrit d'un seul coup.

Sa tête tomba sur sa poitrine.

Il l'avait là, sous les yeux, belle, demi-nue, à sa merci, cette femme qui avait fait de lui un assassin; — elle était là, — là, à lui, — cette femme qu'il voulait avec tant d'ardeur; — il n'avait qu'à dire : — Allons!.... et il hésitait.

— Oh! mon Dieu! mon Dieu! dit-il avec sanglots, où en suis-je donc venu? Qu'ai-je fait?... ou plutôt qu'as-tu fait, femme? qu'as-tu fait? Tu m'as perdu!

Il retomba à genoux, brisé, les mains sur le lit de la marquise.

— Malheureuse femme!...

A ce moment, il eut peur. — Il crut voir

vis-à-vis de lui, sur la muraille, les trois têtes décharnées de St-Sévrin, d'Ovigi et du condamné à mort. — Ses cheveux se dressèrent.

— Les voilà, madame, les voilà! voyez-vous? Ils viennent se venger! ils veulent le sang de leur bourreau! — Et leur bourreau, c'est moi, madame, entendez-vous? c'est moi! — C'est moi et vous!... Oh! mon Dieu!

Ses yeux se fermèrent. — La marquise dormait toujours.

Marcel brûlait, son sang lui battait les tempes à les briser; le désir faisait bouillir tous ses membres; il était comme un fou.

— Oui, oui, à moi... à moi, madame de Rialto, à moi. J'ai acheté vos faveurs assez cher, il me semble; — je vous ai payée assez cher! Le sang vaut bien de l'or, qu'en pensez-vous? Aussi, — oh! vous allez me rendre cela, vous allez me brûler de caresses, n'est-ce pas?

Alors il se jeta sur ce beau corps endormi

et le couvrit de baisers mordans ; — sa bouche courait partout, — ses mains s'égaraient partout ; — il frissonnait, il était ivre... Il s'étendit de son long sur la jeune femme...

— Allons! allons! disait-il tout bas, comme si elle avait dû l'entendre, — aime-moi : si tu savais comme je t'aime... aime-moi, brûle-moi, — tue-moi , — Oh !!

Il lui avait déchiré sa chemise en deux , de sorte qu'elle était toute nue sous ses yeux et sous ses mains.

— Ah!... ah! ne reste donc pas muette ainsi ! — éveille-toi donc, — parle un peu , un peu, pour que je t'entende ; — dis un mot, — dis que tu m'aimes...

La jeune femme fit un mouvement.

— ... Tu m'aimes, n'est-ce pas? — Tu m'aimes, dis donc...

Il la mordait.

La marquise, éveillée à demi par la douleur, murmura :

— St-Sévrin !

— St-Sévrin ! répéta Marcel, St-Sévrin !

Encore ce nom ! Enfer !.... redis-le donc ; voyons, dis donc : — St-Sévrin, pour que je t'étrangle.

Il la secouait rudement.

— Mon Ovigi !.. murmura la jeune femme.

— Ah !... fit Marcel.

Il la prit par le cou avec ses deux mains, et la serra si fort qu'elle devint toute bleue.

— Appelle donc St-Sévrin et Ovigi, voyons ! appelle-les donc ! — Je les ai tués ! Tu n'y penses donc pas ! je les ai tués ! — Je te tuerai comme eux si tu les appelles encore ; — appelle-les donc....

Cette figure tordue et crispée lui fit horreur, il la lâcha.

La jeune femme, profondément endormie par l'opium, se sentant souffrir et ne pouvant s'éveiller, se débattait comme sous un affreux cauchemar, et poussait des cris étouffés.

— Ovigi ! répéta-t-elle !

— Encore ! dit Marcel éperdu, encore ?

Il la saisit violemment par les cheveux et la traîna, pliée en deux, au milieu de la chambre. — Alors il lui enfonça une de ses mains dans la bouche, et la secouant fortement avec l'autre il lui cria dans l'oreille :

— Elisa ! — Elisa !.. ce n'est pas St-Sévrin, ce n'est pas Ovigi, qui te tiennent, — c'est Marcel, entends-tu bien ? c'est Marcel ! c'est Marcel que tu as repoussé, c'est Marcel dont tu as brisé l'âme et qui te brise le corps, — entends-tu ? c'est Marcel !

En disant cela, il la prit entre ses deux bras, la serra, se coucha sur elle et lui cria : — A moi ! à moi !..

Madame de Rialto se débattait machinalement sous lui ; mais il l'étreignait trop fortement pour qu'elle pût échapper. — Tout à coup, son amour pour elle lui revint ; la jouissance fit taire le crime, — le plaisir étouffa la haine, et il dit avec une voix palpitante de volupté.

— Elisa... mon Elisa... Oh ! ! !

La jeune femme se débattait toujours.

— Aime-bien ton Marcel....

— Marcel.... murmura la marquise en ouvrant avec effort deux yeux fatigués qu'elle
referma aussitôt ; — Marcel! ... ah! —

Elle poussa un cri et ne remua plus.

Marcel se redressa épouvanté ; — il la prit à
deux mains , la souleva, et la laissa retomber
à terre. — Ce n'était plus qu'un cadavre ; — le
cœur ne battait plus; les extrémités étaient
froides : — elle avait trop pris d'opium...

— Morte ou vive , je l'aurai , avait-il dit. Il
ne s'était pas trompé.

Il l'avait eue , — morte.

XXX

Huit jours après, une élégante calèche découverte, attelée de quatre superbes chevaux bruns, courait rapidement sur la route du bois de Boulogne, emportant une jeune femme magnifiquement vêtue et un jeune homme très-soigneusement mis aussi.

Le jeune homme, c'était le vicomte de Bellima, — ce fils d'ambassadeur, qu'on avait vu au spectacle avec madame de Rialto, il y avait déjà quelque temps ; — la jeune femme, c'était madame de Rialto elle-même.

Elle avait dormi deux jours et trois nuits sans intervalle ; après quoi elle s'était éveillée, ne sachant à quelle cause attribuer un si long sommeil.

Elle racontait qu'elle avait eu un cauchemar affreux, — mais dont elle ne se souvenait que très-vaguement. — Elle assurait cependant avoir souffert beaucoup.....

Elle ne savait comment expliquer, par exemple, qu'on l'eût ramassée toute nue sur le parquet. — Elle ne comprenait pas non plus pourquoi elle avait des marques noires sur le cou, — ni comment il se faisait qu'on eût trouvée toute grande ouverte la fenêtre de sa chambre à coucher.....

Quant à Marcel, il paraît que dans son

effroi il avait pris l'évanouissement de la marquise pour la mort; et il s'était, dans la même nuit, brûlé la cervelle, comme vous l'avez lu au commencement de ce livre.

FIN.

12

Nous voulons que tous les citoyens soient EGAUX *en droits*
yeux de la loi; que tous soient également électeurs, jurés,
nationaux, soldats et éligibles à toutes les fonctions publiqu
autre différence que celle des talens et des vertus ; que la fort
donne d'autre privilège que celui de pouvoir se consacrer plus
rement au service de la patrie; que tous soient justiciables des
tribunaux et passibles des mêmes peines, et que, si la loi se
quelquefois plus sévère, ce soit contre les fonctionnaires pré
teurs ; enfin que tous les citoyens pourvus du *nécessaire* sup
les charges publiques et les impôts également, c'est-à-dire, ì
tionnellement à leur fortune.

Nous voulons que la *personne* des citoyens soit protégée
pectée ; que le *domicile* et le *secret des lettres* soient inviol
sacrés ; que le simple accusé soit à l'abri de toute espèce de
et d'insulte, quand il obéit au nom de la loi ; qu'il soit au c
environné, dans l'arrestation, dans la détention provisoir
l'instruction et dans le jugement, de tous les égards que doit la
à l'innocent présumé auquel elle demande un énorme sacrific
la loi ne prononce de peines que celles qui sont indispensabl
pouvoir jamais disposer de la vie d'un homme ; qu'elle soit b
envers le coupable lui-même, et qu'elle s'attache à prévenir les
plus encore qu'à les punir.

Nous voulons que la résistance à l'oppression soit, ainsi
légitime défense, considérée comme l'un des premiers droi
nature.

Nous voulons que le citoyen puisse jouir, comme d'un dro
du fruit de son travail et de son industrie, des biens dont la
reconnaît la propriété ; et que l'état n'exige d'*impôts* que ceu
saires à la bonne administration du pays.

Nous voulons enfin que toute l'organisation sociale ait pou
bonheur des citoyens ; que le pauvre reçoive gratuitement l
tion et l'éducation nécessaires ; qu'il ne puisse jamais man
travail ; que l'administration s'efforce sans cesse de rendre
vail moins pénible ou moins périlleux ; que ce salaire soit as
pour que l'ouvrier puisse améliorer progressivement son sor
de sa famille ; que le malade ou l'infirme trouve dans la bien
nationale des secours qui n'humilient pas l'humanité.

Quant à l'organisation politique, nous voulons une ré
une et indivisible, ayant ses administrations *municipales e*
tementales, et une administration *centrale* ou *nationale* qui c
l'autorité assez pour assurer l'indépendance et la tranquillité
et pas assez pour gêner inutilement et pour humilier les m
lités et les départemens.

SOUS PRESSE.

SANCTA TRINITAS. Un vol. in-8°

pour paraître prochainement.

DEUX POÈTES. Deux vol. in-8°

GERMANO. Un vol. in-8°

www.ingramcontent.com/pod-product-compliance
Lightning Source LLC
LaVergne TN
LVHW020102060726
842526LV00004B/985